KB273898

중국의
가면을
벗기다

중국의 가면을 벗기다

이동엽 지음

CHINA
INSIDE
OUT

베스트셀러
『기후정음』의 저자
이동엽 작가의
두번째 책!

공산주의 중국의
실상과 한반도를
향한 야욕을
파헤친다!

교묘히 숨겨진
24가지 전술로
우리도 모르게
침투한다!

하얀인

용감한 젊은이의 역작에
찬사를 보내며

국제정치·외교학자 이춘근 박사

오늘의 국제 정세는 수많은 거짓과 보이지 않는 침투와 교란이 횡행하는 시대이다. 그러나 많은 이들은 그것을 전략이 아니라 우연한 외교 마찰이나 경제 협력의 부산물로 오해한다. 다만 그 실체를 지적하는 사람들이 과민반응을 한다거나 냉전적 사고에 갇혀 있다고 매도되기 일쑤인 현실이 안타깝다. 중국 공산주의가 구사하는 이른바 '초한전(超限戰)'은 군사력만이 아니라 경제, 기술, 문화, 여론, 법률, 심지어 학문과 교육까지 전장으로 삼는 총체적 침투 전략이다. 방식은 달라졌지만 목표는 변하지 않았다. 총 한 발 쏘지 않고도 상대를 약화시키는 것이 목표라면, 이미 전쟁은 시작된 것이나 다름 아니다.

미국의 명문 미시간 대학에서 산업공학을 전공하고 카이스트 경영대학원에서 수학했으며, 국제기구 컨설턴트로 활동하며 글로벌 식견을 겸비한 젊은 전문가 이동엽의 이 책은 중국공산주의의 소리 없는 침공 전략을 파헤치는 책이다. 저자는 전작 베스트셀러 「기후정음」을 집필하는 과정에서 기후담론과 녹색사기를 둘러싼

돈의 흐름을 추적하다가 탄소중립, 재생에너지, ESG라는 거짓으로 포장된 거대한 자금이 결국 중국의 산업과 전략을 강화하는 방향으로 수렴되고 있다는 사실을 발견하고, 공산당의 침략 전술, 초한전을 연구한 관련 서적들을 읽으며 우리나라 국가 안보에 심각한 문제임을 직시했다. 바로 이 책은 그 엄중한 사실에 대한 고발서인 것이다.

미국 사람들이 일본제국주의의 실상과 야욕을 모르고 2차대전과 태평양 전쟁이 터질 것을 준비하지 않는다며 절규하듯 설파했던 이승만 박사가 미국인들에게 경종을 울리기 위해 집필한 책이 「일본의 가면을 벗긴다」 였다.

이동엽은 중국공산주의의 실상과 홍콩 공산화에 관한 내막을 파헤치며 한국 국민들은 물론 세계 시민들에게 경각심을 불러 일으키기 위해 「중국의 가면을 벗기다」를 저술했다. 이 시대의 난제들에 대해 그 원인과 해결책을 알기 원하는 모든 분들이 정독해야 할 책이라 생각하며 필독을 권하는 바이다.

前 연세대 이승만연구원 원장 류석춘 교수

이승만은 1941년 Japan Inside Out 『일본의 가면을 벗긴다』를 출판해 '일본의 미국 공격'을 전 세계에 예언했다. 주익종은 2023년 『일본군 위안부 인사이드 아웃』을 출판해 '일본군 위안부의 실체'를 온 세상에 드러냈다. 이동엽은 2026년 『중국의 가면을 벗기다: China Inside Out』을 출판해 '중국의 야욕'을 온 세상에 경고하고 있다. 이 책은 150년 전 국제질서를 오판한 대가와 역사적 교훈을 오늘의 언어로 되살리며, 과거와 현재가 얼마나 닮아 있는지를 냉철하게 보여준다. 가면 뒤에 숨은 중국의 실체를 A부터 Z까지 낱낱이 보여주는 이 책을 온 국민, 특히 젊은 청년들이 꼭 읽어야 하는 이유다.

인도태평양전략연구원 대표 **최수용**

대한민국은 92.8.24 중공과 국교수립 이래 중공을 단순한 이웃으로 착각하면서 대문을 활짝 열고 어리석은 문호개방을 하였다. 반면 중공은 통일전선전략을 통해 한반도 전체를 집어삼키려는 야욕을 변함없이 추진해 왔다. 그 결과 초한전의 그늘아래 한반도 전역이 중공의 손아귀에 포획되는 어두운 상황이 되고 말았다. 저자는 중공의 진면목과 한국이 처한 현실 그리고 한국이 해결해야만 하는 과제와 해결방향을 정확하게 제시하고 있다. 대한민국 국민들이 깨어나길 바라는 간절한 마음으로, 저자의 역작인 이 책자는 모든 국민들의 필독서다. 공산당과 싸워서 반드시 승리해야만 이 땅의 소중한 자산과 가치가 우리 후손들과 함께 존재할 수 있다는 사소한 진실을 망각하지 말았으면 하는 작은 소망을 가져본다.

트루스데일리 대표기자·북한학 박사 **조정진**

이동엽의 『중국의 가면을 벗기다』는 중국 전문가가 쓴 책이 아니다. 그런데 아이러니하게도 이 책은 웬만한 '중국 전문가'의 책보다 중국공산당의 음모적 책략을 더 정확히 찌른다. 이 책의 출발점은 단순하다. "왜 착한 말로 포장된 돈이 늘 중국을 비옥하게 만드는가?"라는 질문이다. 저자는 탄소중립은 산업 전쟁이고, ESG는 권력의 언어이며, 녹색금융은 도덕의 얼굴을 쓴 지정학의 전쟁임을 꿰뚫고, 그 배후에서 이를 활용해 온 나라가 중국이며 이는 중국공산당의 초한전(超限戰) 전술임을 집요하게 밝혀낸다. 특히 흥미로운 부분은 초한전 설명 방식에 있다. 이 책에는 탁상공론도 학술적 허세도 없다. 대신 "어느 날 갑자기 주변이 중국식으로 정렬돼 있었다"는 섬뜩한 일상성이 있다. 중국의 침투는 탱크나 핵미사일로 오지 않는다. 깔끔한 컨설팅 보고서로 오고, 그럴듯한 국제기구 문서로 오고, 거짓 미소를 머금은 '선한 가치' 포장지에 싸여 조용히 들어온다. 그래서 더 위험하다.

이 책은 독자를 가르치려 들지 않는다. 대신 "이거, 좀 이상하지 않나?"라는 질문을 던지고, 그 질문이 쌓일수록, 독자는 어느새 음흉한 중국몽의 구조와 초한전의 논리를 직관적으로 이해하게 된다. 학자의 책이 아니라 시민의 책이라는 저자의 선언은 겸손이 아니라 정확한 자기 진단이다. 『중국의 가면을 벗기다』는 우리가 살고 있는 현실을 끝까지 따라가다 보니 중국이 보였다는 기록이다. 이 가면은 중국의 얼굴에만 씌워진 것이 아니라, 우리가 보고 싶어 하지 않았던 현실 위에도 얹혀 있었다. 가볍게 읽히지만 결코 가볍지 않고, 웃음이 나지만 읽고 나면 결코 웃고 넘길 수 없는 책. 그것이 이 책의 가장 정직한 정체성이다.

자유와정의를실천하는교수모임(자교모) 회장 김병준

"이 책은 중국의 초한전 전략의 실례를 홍콩, 대만 및 우리나라에 걸쳐 전개 중인 24개 통전 전술과 우리 사회 전반에 걸친 침공 전략을 가장 대중적이면서도 정확하게 설명하며, 금융·교육·법·언론을 통한 과정을 놀라울 만큼 명확히 풀어낸다. 공산당의 침략 전술에 대한 경각심을 갖출 차원에서도 이 책은 값진 것으로 평가된다."

트루스포럼 대표 김은구

이 책은 홍콩과 대만의 사례를 통해 중국 공산당의 '보이지 않는 침투'가 어떻게 진행되는지를 아주 쉽고 명료하게 보여준다. 복잡한 국제정세와 안보 이슈를 누구나 이해할 수 있도록 풀어내면서도, 결코 가볍지 않은 경고의 무게를 담아낸다. 적극 추천한다!

19세기 대한제국과 21세기 대한민국

'역사는 반복된다. 그리고 잘못된 선택이 반복되면

그 대가는 더 참담해진다.'

19세기 말 대한제국은 스스로 선택할 수 없는 운명 앞에 서 있었습니다. 더 정확히 말하면, 잘못된 선택을 했지요.

당시 한반도는 청나라(중국), 러시아제국(러시아), 일본제국(일본)이라는 주변 강대국들의 각축장이었고, 그 뒤에는 세계 패권국, 대영제국(영국)이 있었습니다. 국제질서의 핵심은 명확했답니다. 해상 패권을 장악한 영국 vs. 그 질서에 도전하던 러시아. 그리고 그 충돌의 교차점에 한반도가 있었습니다.

러시아의 목표는 명확했습니다. 부동항, 해상로, 그리고 태평양 진출. 이를 위해 한반도는 반드시 확보해야 할 전략 요충지였어요. 이에 영국은 즉각 반응합니다. 거문도 점령.

이는 단순한 군사행동이 아니었습니다. "러시아는 여기까지다"라는 세계 패권국 영국의 경고였지요. 하지만 러시아는 물러서지 않고, 대신 전략을 바꾸게 됩니다. 해상이 막히자 육로를 택합니다. 시베리아 철도 구상은 단순한 교통 인프라가 아니라 패권 도전 선언이었답니다.

일본은 현실을 정확히 읽었고, 대한제국은 국제정세에 무지했다.

이 흐름을 가장 정확히 읽은 국가는 일본이었어요. 러시아가 시베리아 철도를 부산까지 연결하여 한반도를 장악할 경우, 다음은 일본이라는 사실을 본능적으로 이해했던 것. 그래서 일본은 결단했습니다. 먼저 움직이기로.

영국 역시 계산은 냉정했답니다. 해전은 자신 있었지만, 만주벌판에서 러시아와의 육지전은 부담이었지요. 그래서 영국은 일본을 선택해요. 무기, 자금, 외교적 후원, 이것이 영일동맹의 실체입니다.

일본은 먼저 청나라를 쳤습니다. 대한제국이 형식상 청의 속국이었기 때문이었지요. 청일전쟁에서 일본은 승리했고, 다음 수순은 러시아였습니다. 러일전쟁

만주와 한반도의 운명을 가른 전쟁에서 일본은 또 다시 승리했습니다. 그 결과 일본은 국제사회로부터 "한반도 관리권"을 사실상 승인받았고, 이는 곧 조약과 병합으로 이어졌습니다.

결정적 패착, 아관파천

이 모든 흐름 속에서 대한제국의 선택은 무엇이었을까? 대한제국은 세계질서를 정확히 보지 못했습니다. 패권국이 누구인지, 도전국이 무엇을 노리는지 이해하지 못했답니다. 그래서 러시아에 의존하였고. 아관파천은 외교적 유연성이 아니라 국제정세 무지의 결정판이었습니다.

당시 영국의 시선에서 대한제국은 어떻게 보였을까요? 러시아의 해상 진출을 막고 세계질서를 유지하고 있는데, 한반도가 스스로 문을 열어 러시아를 끌어들이려 한다? 영국의 결론은 하나였습니다.

"이 지역에서 대한제국 스스로는 통제 불능인 것 같다."

그래서 결과적으로 영국은 일본을 지원했습니다. 대한제국이 망한 이유는 일본이 강해서가 아닙니다. 국제정세와 세계패권의 흐름을 거스르는 선택을 했기 때문이었죠.

그리고 21세기, 다시 같은 기로에 서 있는 대한민국

시간은 흘렀지만 구조는 놀랍도록 유사합니다. 오늘날 세계 패권국은 미국입니다. 그리고 그 세계질서에 도전하는 국가는 중국이지요.

중국은 '중국몽'을 말하고 있으며, 그 본질은 명확합니다. 기존 자유주의 국제질서를 대체하는 중국 중심의 위계 질서입니다.

남중국해, 대만, 일대일로.

모두 해상로와 영향권 확보를 위한 움직임입니다. 그리고 그 과정에서 한국은 다시 한 번 전략적 요충지가 됩니다. 문제는 지금의 대한민국 정권입니다. 미국의 질서 유지 노력에 반복적으로 찬물을 끼얹고, 중국 눈치를 보며 모호한 태도를 유지합니다. 반면 일본은 어떠한가요?

과거의 역사적 논란과 별개로, 일본은 냉정하게 현실을 선택했습니다. 미국과의 군사·외교 동맹을 더욱 공고히 하고 있습니다. 국제 정세에서 중립은 있을 수 없습니다. 줄을 서지 않으면, 누군가 대신 결정하게 됩니다. 국제정치에서 중립은 선택이 아니라 망국으로 가는 지름길입니다. 특히 우리나라처럼 지정학적으로 국제정세 판도의 중심에 있는 국가에게 냉엄한 패권경쟁 구도 가운데서 애매한 태도는 가장 위험한 선택입니다.

19세기 대한제국이 그랬습니다. 러시아에 줄을 서며 패권국의 신뢰를 잃었고, 결국 일본이라는 관리자를 맞이하며 나라를 잃게 된 것입니다.

21세기 대한민국이 또 다시 잘못된 선택을 해선 안됩니다. 치욕의 역사가 반복 되어선 안되니까요. 그리고 반드시 자유민주주의, 시장경제, 법치라는 공통 가치를 공유하는 세계 패권국 미국과의 동맹을 더욱 강화해야 합니다. 이것은 우리의 생존전략입니다. 중국과의 경제 협력은 정치·안보적 종속이고, 곧 국가의 운명을 타인에게 맡기는 일이 될 것입니다.

역사는 경고합니다. "패권의 흐름을 오판한 국가는 반드시 혹독한 대가를 치렀다"라고 말입니다. 대한민국은 지금 다시 시험대에 서 있어요. 150년 전의 실수를 반복할 것인가, 아니면 역사를 교훈으로 삼아 살아남을 것인가? 19세기 러시아의 숨겨진 의도와 계략을 대한제국은 알아차리지 못하고 속았습니다. 그리고 나라를 잃었지요.

21세기 지금, 우리는 중국의 숨겨진 의도와 계략을 전국민이 알아차려야 합니다. 중국의 가면에 속으면, 치욕의 역사가 또 다시 반복될 수도 있기 때문입니다.

중국몽: "우리 모두를 지배하려는 침략이에요."

다른 나라를 자기 마음대로 지배하려는 계획이에요.

자유를 빼앗고, 공산당의 통제를 퍼뜨리려는 흉측한 계략인 거죠.

"초한전(超限戰: 한계를 초월한 전쟁)"이라는 24가지 전투 전술 방법으로 상대 나라를 무너뜨리려 한다고 해요.

초한전이란, 총을 쏘거나 폭탄을 터뜨리는 게 아니라, 몰래몰래 남의 나라 사회안으로 들어가서 정신적으로, 경제적으로, 정치적으로 드러나지 않게 차츰차츰 침식하고 조종하는 전략입니다.

홍콩은 어떻게 됐을까?

홍콩은 원래 자유롭고 활기찬 도시였어요. 사람들은 마음껏 말할 수 있었고, 신문도 자유롭게 나왔고, 법도 제대로 지켜졌어요.

그런데 갑자기 "홍콩도 우리 꺼야!"라며 통제를 하기 시작했어요. 홍콩 시민들은 "우리 자유를 지키고 싶어요!" 하며 거리로 나왔죠. 그게 바로 우산혁명이에요.

하지만 어떻게 됐을까요?

홍콩 시민들은 불법으로 체포되어 잡혀가고, 신문은 금지되어 사라지고, 거리는 공안 경찰과 감시카메라로 가득해졌어요. 지금 홍콩은 자유를 잃어버린 도시가 되었답니다.

다음 목표는 '대만'

다음은 대만을 노리고 있어요.

"대만은 우리 땅이야!" 하면서 군용기를 날리고, 전쟁 훈련까지 하고 있지요.

하지만 대만 사람들은 "우리가 우리나라를 지킬 거야!"라고 외치며 맞서고 있답니다.

지금도 긴장 속에서 살고 있죠.

공산당 체제 속의 공작의 대상 법적 구조

중국 공산당 체제에서는 해외에 거주하는 일반 중국인조차 언제든 정보 수집과 영향력 있는 공작의 대상이 될 수 있는 법적·제도적 구조가 이미 구축되어 있다고 해요. 중국 국가정보법, 국가보안법, 반간첩법은 중국 국적자와 기업에 대해 전 세계 어디에서든 당의 정보 활동에 협조할 법적 의무를 부과하며, 이를 거부할 경우 행정 제재부터 중대 국가안보 범죄까지 처벌이 가능하도록 설계되어 있답니다.

이 체계는 국가와 당이 분리되지 않은 중국 특유의 통치 구조 속에서 가족, 재산, 여권·비자 통제 등을 압박 수단으로 결합해 작동하고, 해외 유학생·자영업자·이민자·관광객을 가리지 않고 사실상 '국가 정보 네트워크의 연장선'으로 편입시킨다고 해요. 우리 대한민국 역시 중국 유학생과 경제 활동 인구가 많고 전략적 요충지라는 점에서 예외가 아니며, 실제 적발 사례는 극히 일부에 불과할 가능성이 크다고 볼 수 있지요.

중국의 해외 간첩 문제는 특정 요원의 공작이 아닙니다. 핵심은 공산당이 만든 법·당 통제, 해외 조직 동원 시스템이 결합된 구조적 현실이라는 점입니다.

사실 대한민국도 위험하다.

그럼 우리는 안전할까요? 이미 우리나라 안으로 조용히 침투해 들어와 있어요.

- 돈을 투자한다는 핑계로 우리 땅과 건물을 사들이고,
- 공자학원이라는 기관이 주요 대학교에서 운영되고, 공산주의자 동요제가 개최되었으며,
- 언론, 정치, 기술에까지 몰래 손을 뻗고 있답니다.

음흉한 계략이 아시아, 세계, 그리고 우리 대한민국을 어떻게 바꾸려 하는지, 그리고 우리가 지켜야 할 진짜 자유가 무엇인지 함께 생각해보는 책이에요.

우리의 자유는 홍콩처럼 조용히 사라지게 될까?

대만처럼 용기있게 맞서야 하지 않을까?

바로 그 보이지 않는 전쟁 이야기

- 어떤 방법으로 아시아 국가를 침략하는지?

- 우리 나라안에 숨어 있던 일부 정치세력은 누구인지?

- 그들이 우리 자유를 어떻게 위험하게 만들고 있는지?

이 책을 읽으면 알게 될 거예요. 진짜 나라를 지키는 건 군인만이 아니라, 진실을 알고 지키려는 국민 한 사람, 한 사람의 마음도 중요하다는 것을요.

자유는 그냥 주어지지 않아요. 지키고 싶은 국민이 있을 때만 지켜지는 것입니다.

함께 읽고 함께 생각해 주세요. 우리나라의 자유는 바로 우리 손에 달려 있답니다.

 차례

4 침공을 위한 공산당의 24가지 전투 방법

1부 눈에는 보이지 않는 공격 [비군사전]

2부 무기 없이 공격하는 전쟁 [유사군사전]

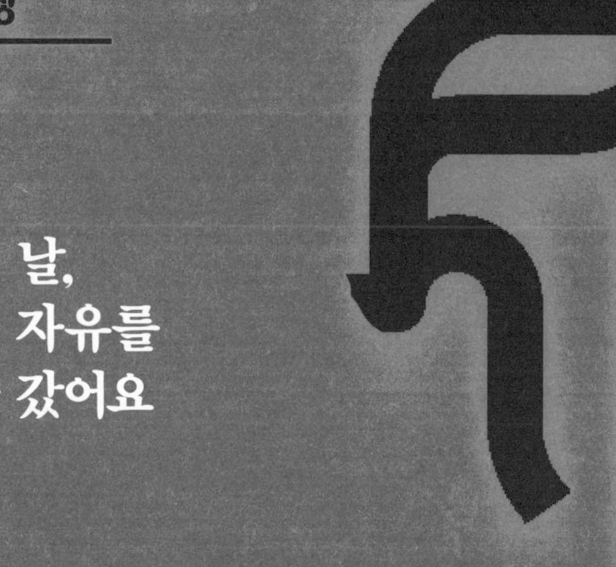

1장

홍콩이
사라진 날,
홍콩의 자유를
빼앗아 갔어요

홍콩이 사라진 날,
홍콩의 자유를
빼앗아 갔어요

<u>1</u>

일국양제 약속은 거짓말이었다

이웃나라 홍콩에서 벌어진 아주 놀라운 이야기를 들려드릴게요. 겉으로는 평화롭고 자유로워 보였지만, 사실은 조용하고 치밀하게 자유가 사라진 도시가 되어버렸답니다.

도대체 무슨 일이 있었던 걸까?

1997년, 홍콩은 중국으로 돌아갔어요

1997년 7월 1일, 전 세계 사람들은 한 장면을 지켜봤어요. 바로 홍콩이 영국에서 중국으로 귀속되는 순간이었죠. 이걸 홍콩 반환이라고 해요.

그때 중국은 세계 앞에서 이렇게 약속했어요.

"홍콩은 50년 동안 자유롭게 살아도 됩니다! 우리는 간섭하지 않을 겁니다."

이 약속의 이름이 바로 '일국양제(一國兩制)'예요. 뜻은 "한 나라, 두 제도"라는 의미인데 즉, 하나의 국가 안에 자유민주주의와 공산사회주의 두 체제가 공존할 수 있다는 말이었죠.

"우리는 너희 체제를 인정해! 마음대로 살게 해줄 게!" 이렇게 말한 거예요. 그런데 이 말은 다 속임수였어요.

진짜 속마음은 따로 있었다.

사실은 그저 홍콩을 무력 없이 조용히 집어삼키기 위한 시간이 필요했을 뿐이었죠.

당시에 1989년 톈안먼(天安門_천안문) 사태 이후로 전 세계에서 비난받고 있었거든요.

"우리도 개혁하고 유연한 나라야~" 하는 척을 하면서 세계 사람들과 투자자들을 안심시키려 했던 거였죠.

그래서 꺼낸 카드가 바로 이 '일국양제'라는 가짜 약속이었던 거예요.

역시나 약속은 지켜지지 않았다.

홍콩 기본법 제5조에 이렇게 써넣었어요: "홍콩의 기존 사회·경제 제도는 50년간 변하지 않는다."

이 조항을 보고 세계 금융시장은 안심했어요.

"진짜로 홍콩 자치를 인정해주나 봐!"

하지만, 단 6년 뒤인 2003년, '국가보안조례'라는 무서운 법을 밀어붙이기 시작했어요. 이 법은,

- 간첩죄
- 국가전복죄
- 선동죄

이런 모호한 죄목들로 공산주의를 반대하는 사람을 처벌할 수 있는 법안을 만들고 무기로 사용했답니다.

다행히 홍콩 시민 수십만 명이 거리로 나와 시위를 벌였고, 이 법은 철회되었어요. 하지만, 그건 시작일 뿐이었답니다.

내부 장악 시나리오: 조용한 침투

무력 침공 대신, 더 무서운 방법을 택했어요. 바로 "온건 침투 전략"이에요.

1. 친중 정치인과 관료 키우기

   선거에 친중 정치인을 출마시키고, 행정·교육·언론기관 곳곳에 자기네 사람들을 심었어요.

2. 2014년 홍콩시민 우산혁명 강제 진압하기

   공산당이 추천한 후보만 행정장관에 출마할 수 있도록 제도 개편을 시도했답니다.

   이에 반발한 홍콩 시민들이 거리로 나섰고, 우산으로 최루탄을 막으며 시위를 벌였죠.

   하지만, 자유를 외치는 시민들의 시위는 강제로 무력진압되었고, 그 후로 상황은 더 나빠졌답니다.

언론과 교육 장악

언론과 교육까지 장악하기 시작했어요.

- 언론사에 광고 끊기
- 세무조사로 압박하기

- 기업 주인 바꿔 버리기
- 결국 독립 언론이 무너지고, 대표적으로 2021년 《애플데일리》가 폐간됐어요.

  자유를 보도하던 창업주 지미 라이(Jimmy Lai)는 장기 구금 중이에요.
- 교과서 내용 바꿔 버리기
  - 교과서에서 '민주주의', '인권', '자유'는 점점 사라지고
  - '공산당에 대한 애당심', '중화민족주의'는 점점 많아졌어요.
- 비판적 교사는 해고, 수업 내용은 감시, 학생 신고 제도까지 도입되었다고 합니다.

공산당 국가보안법: 자유를 묻어버렸다.

2020년 6월 30일, 단 15분 만에 '홍콩 국가보안법'을 통과시켰어요.

무슨 일이 벌어졌을까?

- 공산당을 반대하는 인사들 체포
- 인권운동가, 외신기자, NGO들 추방
- 자유와 민주주의를 외치는 SNS 글 하나로 체포당하는 일도 발생했어요.

- 인터넷은 검열되고,
- 언론은 입을 닫았으며,
- 지성인들은 침묵하였고,
- 시민들은 공포에 사로잡혔어요.

홍콩은 이제 자유를 잃은 통제사회가 되어 버렸답니다.

'일국양제'는 거짓 자유이자 속임수 트로이 목마였다!

총 한 방 쏘지 않고 홍콩을 통째로 차지했어요. 그리고 이 모든 과정을 법과 제도라는 포장지로 감췄지요.

자유민주주의 국가들은 무얼 했나요? 그냥 말로만 항의 할 뿐이었고, 그 사이에 홍콩은 조용히 무너졌답니다.

'일국양제'는 더 큰 중화제국 건설을 위한 리허설이었고, 이제 대만이 다음 목표가 되었습니다.

과연 우리 대한민국도 이 속임수에서 안전할까요?

<u>2</u>

돈으로 나라의 목을 조른다

이번 이야기는 공산당이 무기나 군대 없이, 그냥 돈만 가지고 어떻게 한 도시를 장악했는지에 대한 이야기랍니다.

침투를 위한 금융전은 무엇일까요?

한 나라의 은행, 신문사, 회사, 아파트가 상대국 돈으로 하나씩 하나씩 주인이 바뀌어간다면 어떨까요?

이건 바로 공산당이 침략을 위한 초한전(超限戰: 한계를 초월한 전쟁 전략) 중 하나로, '금융전'이라고 불러요.

국영기업과 국영은행을 이용해서 홍콩의 주요 산업에 몰래 조금씩 계속해서 투자했답니다.

처음엔 홍콩 경제에 도움되는 '좋은 투자'인 것처럼 보였지만, 사실은 정치적인 속셈이 있었죠.

- 중국은행(China Bank) → 홍콩상하이은행(HSBC) 은행 지분 인수
- 중국개발은행 → 스탠다드차타드(SCB) 대출 포트폴리오 매입

겉으론 '합법적 투자'처럼 보였지만, 이 자금들이 신문사, 보험사, 부동산 회사에도 흘러가서, 결국 홍콩 전체 경제 구조가 친중 성향으로 바뀌었다면 과연 우연의 일치일까요?

부동산 가격 폭등: 청년의 꿈을 깨뜨리다!

중국 부자들이 몰려와 홍콩 집값을 폭등시켰어요. 이건 단순한 시장 현상이 아니라, 계획된 자본 전략이었지요.

그럼 왜 집값을 이렇게 올렸을까요? 바로 홍콩 청년들을 무기력하게 만들기 위해서예요.

- 내 집 마련은 꿈도 못 꾸고,
- 월세 부담은 커지고,
- 정치에 신경 쓸 힘도 없어지고...

그렇게 청년들은 '현실 포기 세대', 즉 탈정치화 세대가 되어간 것입니다.

언론과 시민단체에도 돈이 스며들었어요

자본은 언론사와 시민단체(NGO)에도 침투했어요.

- 광고 계약으로 언론을 조종하고,
- 주식 매입으로 언론사 프로그램 편성 방향에도 간섭했어요.

과거에는 공산당을 비판하던 신문들도, 점점 유리한 기사만 쓰게 됐지요.

NGO는 '비정부기구'로, 시민들이 자유와 인권을 지키기 위해 만든 단체예요.

그런데 후원금이 끊기니까, 일부 단체들은 중국 기업의 후원을 받게 되면서 점점 비판하지 않고, 공산당을 반대하는 활동도 온건해졌답니다. 공산당은 큰 저항 없이 도시 전체를 조용히 바꿀 수 있었던 거예요.

피로 지키는 민주주의, 돈으로 무너진다.

홍콩은 총성 없이, 자유민주주의가 무너졌어요. 이건 전쟁터가 아닌 도시에서 벌어진 조용하고, 치밀한 침략이었지요. 이제는 '돈으로도 자유민주주의가 무너질 수 있다'는 걸 꼭 기억해야 하지 않을까요?

그래서 우리는,

- 돈의 흐름을 감시해야 하고,
- 부동산, 언론, 교육에 들어오는 외국 자본의 의도를 반드시 살펴야 한답니다.

3

교과서를 바꾸면,
아이들의 머릿속에 침투할 수 있다

아무리 정치나 경제를 장악해도 사람들이 깨어 있다면 맞서 싸울 수 있어요. 하지만 아이들의 머릿속 생각과 관념들까지 바꾸면 어떻게 될까? 이 것이 바로 교육을 장악하는 전쟁, 교육전(敎育戰)이랍니다.

펜을 들고 침투하다: 공자학원의 실체

처음엔 아주 평범하게 시작됐어요. '공자학원'이라는 이름의 교육기관이 도시 전역에 생기기 시작했지요.

이 학원들은 이렇게 말했어요:

"우리는 언어를 가르치고, 새로운 문화를 소개할 뿐입니다."

하지만 점점 공산당의 생각과 이념을 살짝살짝 심고 있다는 의혹이 계속 제기되었답니다. 미국 의회조사국 보고서(Confucius Institutes in the United States: Selected Issues)에서도 이런 문제를 지적하고 있습니다.

- 교재에 현 중국 체제와 공산당에 우호적인 시각을 반영한 내용이 포함돼 있거나,
- 6.25 한국전쟁을 "미국의 침략에 맞선 인민의 정의로운 항전"이라

는 거짓으로 왜곡하기도 하고,

- 학생들에게 장학금과 연수를 미끼로 공산당 시각을 유포하는 창구가 되고 있다는 의혹들이 있어요.

이렇게 되면 아이들도 모르는 사이에, 아이들 생각이 바뀌어 갈 수 있지 않을까요?

교과서를 바꾼다: 개인의 자유는 없다, 오직 공산당에 충성하라!

2020년부터는 홍콩 교과서 자체가 바뀌기 시작했어요.

변화의 예시:

- '민주주의', '인권', '보통선거', '공명선거' 같은 단어를 삭제
- 대신 '공산당 애당심', '국가통합', '중화민족주의' 강조

더 충격적인 건, 1989년 톈안먼 사태(천안문 학살)가 아예, 교과서에서 사라졌다는 사실이에요!

과거에는 "정치 발전의 비극적 사건"이라고 적혀 있기라도 했는데, 2020년부터는 그런 사건이 아예 없었던 것처럼 삭제 해버린 거예요. 또 어떤 게 바뀌었을까?

- 민주화 운동 관련 인물 삭제
- 대신 시진핑 주석의 '반부패 업적'이 정치교육에 등장
- 역사적 진실이 통째로 조작되기 시작했답니다.

먼저 교사를 통제하라!

교육을 바꾸려면 교사부터 장악해야 한다고 생각했어요. 그래서 2021년, 홍콩 교육부는 이런 제도를 도입했지요.

"전 교사는 정치 성향과 애국심을 평가받고, 자격을 다시 검증받아야 한다!"

결과는 어땠을까?

- 교사의 약 40%가 재시험 대상이고,
- "자유민주주의의 중요성을 말한" 교사는 징계 또는 해고를 하기도 하며,
- 교실에 CCTV 설치 및 수업 녹음을 허용하는 경우도 있답니다.

교사는 수업시간에 자유롭게 가르칠 수 없게 되었어요.

그런데, 학생도 예외가 아니었답니다.

- '애국심 평가표'가 도입되고,
- 친구가 반정부 발언을 하면, 신고하도록 장려하고 있답니다.

교실이 '자유와 배움의 공간'에서 '감시와 복종의 훈련소'로 바뀐 거예요.

책, 영화, 전시회까지 장악

홍콩은 원래 아시아의 문화 수도로 불렸어요. 하지만 공산당은 문화 분야에도 침투했답니다.

도서관:

- '자유', '민주주의'를 다룬 책 퇴출
- 중화문화 특선도서' 코너 신설
- 이 책 읽지 않으면 성적 평가에 불이익

영화관:

- 민주화 운동 다큐멘터리 상영 금지
- 대신 공산당에서 만든 국가주의 영화만 상영 가능

결국, 문화가 사라지고 선전만 남았답니다.

자유는 교과서에서부터 사라진다.

물리적 총칼이 아니라 사상과 교육으로 도시를 점령했어요.

- 교과서에서 진실이 사라지고
- 교사가 침묵하게 되고
- 학생이 감시자가 되며
- 문화와 책이 검열돼요.

이건 초한전의 최종판, 가장 교묘한 교육·문화 침투 전략입니다.
이 전략은 지금 대한민국에도 슬그머니 들어오고 있어요.

- 특정 이념이 담긴 교과서
- 비판적인 교사에 대한 징계

■ 표현의 자유를 제한하는 규칙

　자유는 펜으로도 지킬 수 있어요. 하지만 그 펜을 우리보다 공산당
이 먼저 가져가면, 우리는 더 이상 싸울 도구조차 남지 않게 된답니다.

<u>4</u>

진실을 가리는 손...
언론미디어 장악

여러분은 뉴스를 어디서 보나요? 텔레비전? 신문? SNS? 그런데 이모든 매체를 조용하게 몰래 장악해서 진실을 사라지게 만드는 교묘한 전략이 있어요. 바로 정보전입니다.

언론을 접수하라: 뉴스가 조종당한다?

홍콩은 '아시아의 뉴욕'이라고 불릴 만큼 자유롭고 다양한 언론이 넘쳐났던 도시였어요. 하지만 지금은 교묘한 방법으로 장악당했답니다.

바로, 신문사 주인을 바꿔버리는 거예요,

- 외국계 자본이 언론사 주식을 사들여서 이사회에 친중 인사를 심었어요.
- 광고 계약을 빌미로 편집 방향을 바꾸게 했고,
- 기자들이 쓰고 싶은 기사를 못 쓰게 만들기도 했답니다.

대표적인 사건! 《애플데일리》라는 신문사가 있었어요.

- 자유민주주의를 공개 지지하고, 정부의 잘못을 낱낱이 보도했던

신문이었지요.

- 그런데 국가보안법 위반이라는 이유로, 창업자 ‘지미 라이(Jimy Lai)’를 포함한 간부진 체포! 결국 신문은 폐간 되었답니다.

기자가 펜 대신 수갑을 차게 된 순간, 홍콩 언론의 자유가 끝나고 만 것이지요.

댓글도 감시: SNS도 더 이상 안전하지 않다?

언론이 통제되면 SNS에서 목소리 내면 되지 않을까 생각되죠? 그런데 그 SNS마저 감시당하게 되었답니다.

페이스북, 텔레그램, 왓츠앱 등에서 익명 계정을 쓰는 사람들을 추적하기 시작했고, 홍콩 경찰은 ‘온라인 테러 모니터링 시스템’을 도입하여 머신러닝 기반 인공지능이 자동으로 감시하도록 했답니다.

어떤 학생이 SNS에 “#자유홍콩” 이라는 해시태그를 달았는데, 결과는?

곧장, 경찰 조사 소환. 이제 홍콩에서 SNS는 표현의 자유 공간이 아니라, 검열의 감옥이 되어버렸답니다.

국제사회 차단: 외국 기자도 추방?

홍콩 언론만 통제한 게 아니라, 외국 기자들도 쫓아냈습니다.

2022년, 무슨 일이 있었을까?

- 《뉴욕타임스》, 《BBC》, 《워싱턴포스트》 등 20명 넘는 외신 기자들 비자 갱신 거부.

■ 일부는 법적 기소 위협, 신변까지 위협.

결국 남은 언론은, 공산당이 조종하는 관영 매체뿐, 세계 사람들도 더 이상 진짜 홍콩의 목소리를 들을 수 없게 되었답니다.

자기검열과 침묵: 가장 무서운 건 포기하는 마음

언론도, SNS도, 외신도 모두 막혔어요. 그 다음에 벌어진 일은 더 충격적이었어요.

바로, 시민들이 스스로 침묵하기 시작한 거예요.

■ "괜히 말해서 문제될 바엔, 그냥 아무 말도 하지말자."

■ "정치 얘기 안 하면 안전하겠지..."

이렇게 스스로 검열하는 사회가 되어버린 거예요. 이게 무서운 이유는, 진실을 외치는 사람이 아무도 없으면, 그 사회는 이미 공산화된 거나 마찬가지기 때문입니다.

진실이 사라지고, 비판도 사라지고, 의문 혹은 질문조차 금지된 사회에서는 민주주의가 이미 무너진 사회입니다. 공산당은 정보를 통제함으로써 홍콩을 '진실이 사라진 땅'으로 만들어버렸답니다.

<u>5</u>

법을 악용해 사람을
통제하고 억압한다?

공산당은 총을 쓰지 않고도 사람들을 무섭게 통제하는 방법을 이용했어요. 바로, 법을 이용한 침투 전략이지요.

이름하여, 공산당식 국가보안법! 이 법 하나로 홍콩의 자유는 단숨에 사라졌답니다.

공산당의 국가보안법: 자유를 '죄'로 만드는 법

2020년 6월 30일, 단 몇분 만에 '홍콩 국가보안법'을 통과시켰어요. 같은 해에 '중국인모욕금지법'도 발의했지요.

이 법안의 겉으로 보여주기식 명분은 이런 거였어요,

- '테러를 막기 위해'
- '국가를 분열시키지 않기 위해'
- '외국 세력과 손잡는 걸 막기 위해'

하지만 진짜 의도는, 모든 표현의 자유를 범죄로 만드는 법이었답니다.

예를 들어볼 게요,

- SNS에 "홍콩 독립"이라고 쓰면? → "국가 분열 선동죄"로 체포!

- 외국 기자와 인터뷰하면?　　 → "외세 결탁죄"로 처벌 가능!

- 시위에 참여했을 뿐인데?　　 → "테러 행위"로 몰릴 수 있음!

실제로, 자유를 외치던 민주화 운동의 대표 인물인 조슈아 웡, 아그네스 차, 네이선 로 같은 청년들이 체포되고, 기소되고, 망명을 떠나게 되었답니다.

그 이후로 시민사회는 해체되고, 정치운동은 사라졌으며, SNS는 침묵하게 되었어요. 그야말로, '디지털 감옥' 아닌가요?

CCTV, AI, 얼굴인식까지, 감시도 '초강력 디지털화'

법만 만들어서 끝난 게 아니에요. 더욱 무서운 건, 감시 기술까지 도입했다는 거예요. 홍콩 곳곳에 뭘 설치했냐면,

- 고화질 CCTV

- AI 얼굴 인식 시스템

- GPS, SNS 연결 추적 프로그램

2021년 기준, 50,000대 이상의 CCTV가 설치됐고, 상당 부분 중국산 감시 기술이 장착되었답니다.

시위에 나가면 어떤 일이 벌어질까요?

- 얼굴이 CCTV에 찍혀요.

- AI가 바로 신원을 확인해요.

- SNS 활동까지 추적돼요.
- 그 다음, 경찰이 찾아와요!

이제 사람들은 무서워서 말도 못 꺼내는 사회가 되었어요.
'감시 받는 도시', 그게 지금의 홍콩이랍니다.

선거는 껍데기만 남았어요: 공산당에 충성하는 사람만 공직 가능?

정치도 통제하기 위해서 어떻게 했을까요? 2023년, 선거제도를 아예 바꿔버렸어요. 새로운 기준 조건은? "애국자만 공직에 나갈 수 있다" 즉, "공산당에 충성하는 사람"만 선거에 출마 할 수 있다는 말입니다.

그 결과는?

- 입법회 당선자 대부분이 친중 인사
- 공산당에 비판적 사람은 출마 후보 등록조차 불가
- 시민은 이제 자신의 대표를 공명하게 고를 권리조차 박탈 당함.

이건 공명선거가 아니고, 그냥 공산당이 뽑은 사람을 승인하는 절차일 뿐이지 않을까요?

시민사회의 붕괴: 모두가 입을 닫았어요

이제 NGO(시민단체), 언론사, 예술단체들도 하나 둘씩 문을 닫기 시작했어요.

후원금이 끊기고, 회원 등록이 거부되고, 언론인은 해외로 도망가고, 시민들도 점점 더 말하지 않게 되었어요.

“자유 홍콩!”을 외치던 사람들은 이제 “아무 말도 하지 않는 게 낫겠다.”라고 생각하고 포기하게 된 거예요.

진짜 무서운 것은 ‘공포’가 아니라, ‘포기’랍니다.

법은 우리를 지켜주는 방패가 될 수도 있지만 그 무기가 독재자 손에 들어가면, 우리를 옭아매는 쇠사슬이 되기도 합니다. 국가보안법은 헌법보다 낮은 법률이에요. 그런데도 헌법보다 더 높이 군림하면서, 홍콩의 자유와 권리를 모조리 없애고 있답니다.

6

사라진 자유의 도시는
다시 돌아올 수 있을까?

홍콩은 한때, 공부의 자유, 언론의 자유, 선거의 자유, 모든 자유가 살아 숨 쉬던 도시였답니다.

그런데 지금은 어떨까?

'일국양제'라는 거짓말로 시작된 침공

1997년, 중국이 홍콩의 자치를 50년 동안 보장하고, 일국양제를 인정한다고 했을 때, 홍콩 사람들은 안심했어요.

"드디어 우리의 자유를 보장받고 바뀌려나 보다!"

하지만 진짜 목적은, 시간을 버는 거였어요. 중국공산당은 25년 동안 정치·금융·언론·교육을 조용히 장악해 나갔어요. '50년 자치'는 '25년 침공 시간 확보용' 속임수일 뿐이었어요. 홍콩은 이 시간 동안 서서히 점령당했어요.

- 금융 — 은행·부동산을 자본으로 장악
- 언론 — 광고와 주식으로 편집권 빼앗음
- 교육 — 공자학원·교과서 개정으로 사상 통제

홍콩 시민들은 자유를 빼앗김과 동시에, 국제사회로부터 조용히 잊혀지게 되었답니다.

국제사회는 외면했고, 시민은 침묵했다.

그럼 이 모든 일이 벌어졌을 때, 국제사회는 어떻게 반응했을까요?

"유감입니다."

"깊은 우려를 표합니다."

이런 의례적 말만 했어요. 실질적인 대응이 없었어요. 왜일까요? 무역과 경제가 더 중요하니까 중국 눈치만 보았던 거예요.

홍콩 시민들은 점점 더 침묵하게 되었고, SNS에서도 친구와 대화 속에서도 정치 이야기를 하지 않게 되었어요. 그렇게 도시 전체가 조용해졌답니다.

공산당은 홍콩 침공 전략을 모델로 삼고 있어요.

- 부동산 침투
- 교육 현장 침공
- 언론 장악

이건 단순한 영토 확장을 넘어 독재 시스템을 전 세계에 퍼뜨리는 것 아닐까요?

침묵은 공산화를 돕는 가장 강력한 무기

한 홍콩 시민이 이런 말을 했어요.

"우리의 홍콩은 사라졌어요. 남은 건 CCTV와 침묵뿐이에요."

이 말은 도시 자체가 아니라 자유와 정신, 그리고 제도가 사라졌다는 뜻입니다. 우리가 목소리를 내지 않고 관심을 가지지 않으면 우리나라도 위협 받을 수 있답니다. 자유는 말할 용기가 있을 때 존재하고 지킬 행동이 따를 때 유지되는 것입니다.

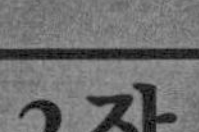

2장

다음은
대만의
자유를
빼앗아 가려고
해요

다음은 대만의 자유를
빼앗아 가려고 해요

7

대만을 꼭 삼키겠다

중국은 홍콩과의 약속을 지키지 않았어요. 그리고 이제 다음 목표는 "대만"이에요.

무역을 이용해 대만의 목줄을 조이고 있어요. 반도체부터 파인애플까지, 대만의 중요한 산업들을 중국시장에 의존하게 만든 다음, 갑자기 수입을 끊거나 조건을 바꾸는 식입니다. 참 악랄한 침략 전술입니다.

대만을 무너뜨리려는 침투 방식

공산당은 크게 다음의 6가지 방식을 동시에 펼치며 대만을 공격하고 있답니다.

전략 영역	침투 방식	실제 사례
금융·경제	돈을 투자해 기업을 장악해요.	2022년 대만 수출 40.2%가 중국으로!
정보전	댓글과 가짜뉴스로 여론을 흔들어요.	"민진당이 나라를 팔았다"는 자동 댓글 발견
교육전	유학생을 장학금으로 끌어들여 세뇌해요.	유학생들이 스파이로 활동한 사례 있음
정치전	친중 정치인에게 돈을 지원해줘요.	지방선거에 친중 정치인이 12명이나 당선
사이버전	해킹과 디도스로 정부를 마비시켜요.	펠로시 방문 직후 1,000건 넘는 해킹
군사 위협	전투기와 항공모함으로 겁줘요.	2023년, 71대 전투기 무장비행 훈련

이건 단순히 계획이 아니라 실제로 대만에서 벌어지고 있는 침공이에요.

통계 수치가 보여주는 경고등: 중국수출 40.2%

대만은 경제적으로 중국에 크게 의존하고 있어요. 2022년, 대만의 전체 수출 중 무려 40.2%가 중국과 홍콩으로 향했습니다. 미국은 15.7%, 일본은 7.4%, 유럽연합은 9.3%.

특히 반도체, 기계, 식품 같은 중요한 산업들이 대부분 중국에 의존하고 있어요. 그 중에서도 세계적으로 유명한 TSMC라는 회사는 전체 매출의 36%가 중국으로부터 발생해요. 겉보기엔 대만이 독립된 국가처럼 보이지만, 사실 중국이 경제의 중요한 부분을 쥐고 있는 셈이지요.

경제 함정: 공장도, 고객도 모두 중국에...

중국은 대만 기업들에게 이렇게 제안했어요.

"우리나라에 공장 세우면 인건비도 저렴할거고, 세금도 깎아 줄게!"

그 말을 듣고 많은 대만 기업들이 중국 본토에 공장을 세웠어요. 전자기기, 산업기계, 화학제품 등등 수많은 산업이 말이죠. 고객도 대부분 중국에 있어요. 그런데 만약 중국이 의도적으로 갑자기 수입을 멈추거나 규제 기준을 바꿔버리면 어떻게 될까요? 대만 기업들은 큰 손해를 보게 되겠죠?

무역 보복은 선거 타이밍에 딱!

대만 대선 직전, 중국은 갑자기 대만산 파인애플과 망고 수입을 중단했습니다. 농민들이 생계에 큰 타격을 입자, 일부는 이렇게 말하기 시작했어요.

"중국과 잘 지내야 경제가 돌아가지 않겠어요?"

바로 이거예요! 선거에 맞춰 무역으로 보복하고, 표심을 흔들고, 친중 정당에 유리하게 만드는 심리전을 하는 거죠. 특히 농촌이나, 중소 기업이 많은 지역, 상대적으로 가난한 지역을 집중 공략해요. 경제적 어려움과 생활고를 겪고 있는 사람들은 현실적인 이유로 친중 성향을 가지게 되는 구조를 만드는 것입니다.

가짜뉴스와 댓글 부대

유튜브, 페이스북 같은 SNS에서 자동 생성 프로그램으로 조작한 내용으로 반미 여론을 조장하는 댓글을 퍼뜨리기도 해요.

심지어 "전쟁 나면 미국은 철수할 거다" 같은 불안심리를 자극하는 내용을 퍼트리기도 해요. 특히 젊은 사람들에게 불안을 심는 심리전까지 펼치고 있답니다.

유학생 포섭 작전

대만 유학생들에게 장학금을 주고 중국 본토로 유학을 오게 만든 다음, 수업을 통해 정치 성향과 역사관을 주입한다면? "대만은 원래 중국의 일부였어"라는 식으로요.

어떤 유학생들은 돌아와서 "중국 괜찮던데?", "중국 공산화 통일도 나쁘지 않을 것 같아" 라고 생각하는 학생들이 늘어날 수도 있어요. .

해킹과 군사 위협

2022년, 미국의 낸시 펠로시 하원의장이 대만을 방문했을 때, 중국은 즉각적으로 대만 정부기관에 해킹 공격을 퍼부었어요. 무려 수천 건이 넘는 공격이 있었답니다.

그리고는 전투기와 항공모함을 대만 근처로 보내서 무력 시위를 벌였어요. 2023년엔 무려 수십 대 전투기가 동시에 무장비행을 했답니다. 이건 실질적인 무력 침공은 아니지만, 심리적 겁주기 전략이에요. 대만 국민들이 점점 불안해하고 포기하게 만들기위한 목적이랍니다.

대만 안에서도 분열이 생겨요

"공산당과 단절하자!"는 사람들과, "경제를 위해선 협력해야 한다"는 사람들이 논쟁하기 시작했어요.

이런 건 단순한 의견 차이가 아니에요. 나라의 정체성과 주권이 흔들리는 심각한 문제랍니다. 경제 논리가 사람들의 생각을 바꿔버리는 거죠. 대만 청년들 중에도 "먹고사는 게 먼저지" 하면서 중국과 통일을 받아들이려는 분위기가 생기고 있는 경우도 있다고 합니다.

8

생각을 노리는 전쟁

공산당은 지금 대만을 향해 "교육과 문화전"이라는 심리 작전도 펼치고 있답니다. 대만의 청소년들, 특히 대학생 교과서, 장학금, 드라마, 노래까지—우리도 자주 접하는 것들이 무기가 될 수 있답니다.

공산당은 요즘 국제무대에서 단순히 외교만 하는 게 아닙니다. 외교를 넘어서서 전방위적으로 영향력을 넓히는 전략을 계속 써오고 있습니다.

그 방식이 뭐냐면, 학문·교육·문화·미디어를 통해 상대 사회의 인식과 정체성을 조금씩 바꾸는 겁니다. 흔히 말하는 '소프트파워' 전략이죠.

이 전략은 특히 민주주의 체제이고 정체성이 분명한 대만을 상대로 점점 더 강화되고 있습니다.

겉으로 보면 유학생 유치나 문화 교류처럼 보이지만, 실제로는 장기적이고 체계적인 정체성 영향 전략이라는 점에서 그냥 넘길 문제가 아닙니다.

유학으로 이념 바꾸기

여러 형태의 장학금과 유학 지원 프로그램을 통해 대만 학생들을 중국 본토로 끌어들이고 있습니다.

겉으로는 "국제 교류 확대", "우호 증진" 같은 말을 합니다. 그런데 국제사회에서는 이걸 단순한 교육 지원으로만 보지 않습니다.

왜냐하면, 이 유학이라는 게 단순히 수업만 듣는 게 아니거든요. 중국에서 생활한다는 건 중국의 사회 구조, 정치 시스템, 문화적 가치관을 매일 몸으로 겪는다는 뜻입니다.

특히 중요한 건, 이 프로그램들 대부분이 중국 공산당의 관리·감독 아래에서 운영된다는 점입니다.

그래서 노골적으로 정치 교육을 하지 않아도, 정책 메시지나 가치관이 자연스럽게 스며들 수 있는 구조가 됩니다.

한국이나 대만, 그리고 아시아권 전문가들 사이에서는 이런 방식이 단순한 교육 기회를 넘어선다고 평가합니다.

즉, "교육을 빌린 영향력 확대"라는 거죠.

중국은 여기에 유학만 붙이지 않습니다.

인턴십, 취업 연계, 창업 지원까지 한꺼번에 묶어서 "중국의 미래가 곧 당신의 기회다"라는 메시지를 계속 강조합니다.

중국 정부가 주도하는 취업 박람회나 교류 행사를 보면, 단순히 일자리 정보만 주는 게 아니라 중국 체제가 얼마나 안정적이고 매력적인지 홍보하는 장으로 운영되는 경우가 많습니다.

실제로 2024년 기준 연구를 보면, 중국 정부가 주도한 수백 건의 경제·취업·교류 행사에 대만 청년 약 4만 명 이상이 참여한 것으로 나타났습니다.

이건 단순 교류가 아니라, 청년들의 미래 인식과 정체성까지 함께 묶으려는 전략으로 봐야하지 않을까요?

그래서 이걸 그냥 "유학 지원"이라고 단순히 부르면 안 됩니다.

중국은 민주주의 체제와는 전혀 다른 공산당 체제를 가지고 있지만,

그 체제를 은근히 이상적으로 보이게 만들면서 "중국과 섞이는 게 자연스럽고, 오히려 합리적이다"라는 생각을 유학생들에게 심어줄 가능성을 갖고 있습니다.

드라마와 게임으로 무장해제

중국의 전략은 여기서 끝나지 않습니다. 유학생 정책과 함께 문화 콘텐츠와 디지털 플랫폼을 통한 영향력 확산도 동시에 진행됩니다.

요즘 대만 젊은 세대가 뭘 가장 많이 보느냐고 하면, 소셜미디어, 게임, 영상 플랫폼이죠.

국제적으로 주목받는 사례 중 하나가 중국과 직·간접적으로 연결된 플랫폼들이 정치적 인식에 어떤 영향을 미치느냐는 문제입니다. 대만 NGO DoubleThink Lab이 2025년 3월 진행한 연구 결과를 보면, 중국 소유이거나 중국 문화권 기반 플랫폼에서 중국 관점의 정치 내러티브가 의도적으로든, 구조적으로든 더 자주 노출될 가능성이 있다는 분석이 있습니다.

대만 이용자 중에서 SNS 사용 빈도가 높을수록 친중적 서사에 공감하는 비율이 높다는 조사도 나왔습니다. 이게 단순히 "많이 봐서 그렇다"는 문제가 아닙니다.

정부가 공식적으로 "이 플랫폼을 정치 도구로 쓰겠다"고 말한 적이 없지만, 알고리즘이 만들어내는 콘텐츠 흐름 자체가 정치적 영향을 줄 수 있다는 점이 문제입니다.

문화, 엔터테인먼트, 라이프스타일 콘텐츠를 통해 공산당의 메시지가 아주 자연스럽게 스며들게 합니다. 게임, 드라마, 영화 같은 것들은 정치랑 상관없이 소비하는 것처럼 보이지만, 그 안에 담긴 세계관과 가치관은 분명히 영향을 줍니다.

장기적으로 보면, 이런 콘텐츠 소비가 정체성 인식을 흐리게 만들 위험이 충분히 있지 않을까요?

정체성을 흔들면 균열이 생기고 저항도 사라진다

이런 전략은 대만 사회 내부에도 영향을 줍니다. 친중 성향과 경계 성향이 점점 갈라지는 거죠.

중국은 계속 말합니다.

"경제적으로 중국과 함께 가는 게 현실적이다."

"취업과 미래를 생각하면 중국을 무시할 수 없다."

이 말만 들으면 그럴듯해 보입니다. 하지만 이건 굉장히 위험한 낭만적 환상일 수 있습니다. 중국 정부는 분명하게 대만을 자국 영토의 일부로 규정하고 있고, 정치적으로는 '하나의 중국' 원칙을 절대 포기하지 않고 있지요.

이 전제가 존재하는 상황에서 유학, 문화 교류, 콘텐츠 소비가 아무 비판 없이 받아들여지면 대만 청년들의 정체성은 서서히 중국 중심으로 이동할 가능성이 있습니다. 대만 내부에서도 이런 점을 우려하는 목소리가 커지고 있습니다. 경제적 기회만 보고 중국 유학을 선택한 일부 학생들이 귀국한 뒤에도 중국의 논리와 시각을 일정 부분 받아들이게 되는 사례들이 거론되곤 합니다.

대만이 지켜온 민주주의와 자유의 가치는 중국의 공산당 시스템과 본질적으로 충돌합니다. 그러나 중국은 이 충돌을 노골적으로 드러내기보다, 보이지 않는 영향력의 전선으로 전환하려는 시도로 봐야하지 않을까요? 이는 대만의 민주적 정체성과 자유 체제를 장기적으로 흔들기 위한 하나의 전략이라고 봐야 할 것입니다.

<u>9</u>

전쟁은 인터넷 속에서도 발생한다

지금은 인터넷 공간, 즉 사이버 공간에서도 나라를 공격합니다. 이걸 사이버전이라고 부르죠. 특히 공산당은 이 방식을 아주 적극적으로 활용합니다. 대만을 상대로 해킹, 가짜뉴스, 댓글 공작, 여론 조작을 동시에 벌입니다. 총칼로 싸우기 전에 사람들 마음부터 흔들어 놓는 전략이랍니다.

미국 하원의장 방문 때 터진 디지털 전쟁

2022년 8월, 미국 하원의장 낸시 펠로시가 대만을 방문했어요. 중국은 대만을 상대로 군사훈련도 벌였지만, 그보다 먼저 수천 건의 사이버 공격이 터졌어요!

- 대만 총통부(대통령실)
- 국방부
- 외교부
- 대만 철도, 공항 관련 정보 시스템 일부

이 기관들의 홈페이지가 동시다발적으로 접속 불능 상태에 빠졌습니다. 진짜 디지털 전쟁인거죠.

대만 디지털발전부와 사이버보안 당국이 공개한 조사 결과를 보면,

- 대규모 디도스(DDoS) 공격

  → 한꺼번에 엄청난 트래픽을 보내 서버를 마비시키는 방식

- DNS 변조 시도

  → 정상 사이트 주소를 입력해도 다른 곳으로 연결되게 만드는 방식

- 악성코드 삽입 및 침투 시도

단순 개인 해커 수준이 아니었습니다. 국가 차원의 자원과 인력이 동원되지 않으면 불가능한 규모였답니다. 대만 정부와 민간 보안 전문가들의 공통된 결론이었죠.

가짜뉴스는 디지털 전쟁에 사용되는 무기

사이버전은 서버만 공격하지 않습니다. 사람의 머릿속을 공격해요. 대만 정부와 국제 연구기관들이 확인한 내용입니다.

- 유튜브, 페이스북, X(구 트위터) 등에서 중국에 유리한 정치 프레임을 반복하는 영상과 게시물이 급증

- 대표적인 문구들:

  - "미국은 결국 대만을 버릴 것이다"

  - "대만은 미국의 대리전 희생양이다"

  - "민진당은 전쟁을 부추긴다"

같은 메시지를 구조적으로 반복 노출시키는 심리전이죠. 국제 학계와 대만 연구기관들이 공통적으로 지적하는 특징은 이렇습니다.

- 특정 시기(중국 군사훈련, 미·대만 고위급 접촉 전후)에 집중 발생
- 제목·썸네일·문구가 서로 매우 유사
- 계정 생성 시기와 활동 패턴이 비정상적으로 일정

즉, 자발적 여론이라기 보다 조직적 확산이라는 겁니다.

가짜 계정 디지털 군단

대만 정부와 메타(Meta), 구글 등 플랫폼이 직접 발표한 사실입니다.

- 대만을 대상으로 한 친중 성향 가짜 계정 네트워크 다수 삭제
- 자동 댓글, 반복 공유, 정치인 공격 패턴 확인
- 일부 계정은 AI 기반 자동 생성 정황까지 확인됨

대만 국방부는 매년 수만 건 규모의 사이버 침투 시도를 공식 보고서에 공개하고 있습니다.

그래서 대만은 사이버 방위 조직을 확대하고, 군과 민간이 함께 훈련하고 있죠.

중국의 사이버전 목표는 서버를 완전히 부수는 게 아닙니다.

목표는 시스템이 아니라 사람들 마음을 먼저 무너뜨리는 것이죠.

- "전쟁 나면 어떡하지…"
- "미국이 정말 도와줄까?"

■ "차라리 중국과 잘 지내는 게 낫지 않을까?"

이런 생각이 퍼지는 순간, 전쟁은 이미 절반을 진 것입니다.
총을 쏘지 않아도 국민이 정부를 믿지 못하면, 동맹을 의심하기 시
작하면, 국가는 안에서부터 흔들립니다.

<u>10</u>

싸우기도 전에 마음과 의지를 무너뜨리는 최종 단계

중국 공산당은 대만 사람들의 마음과 정신을 무너뜨리는 전쟁을 하고 있어요. 바로 초한전의 마지막 단계, '정신적 포기 유도 작전'이에요. 실제 본격적인 전쟁이 시작되진 않았지만, 마음을 먼저 무너뜨리는 전략입니다.

상공에서 내리는 악랄한 경고

미국 CSIS의 China Power Project 분석 자료를 보면, 2023년 4월 PLA(중국인민해방군) 해군 항공모함 산둥(Shandong) 전단이 대만 동쪽 해역과 서태평양 일대에서 활동한 것이 공식적으로 확인됐습니다.

- 산둥 항공모함은 대만 동쪽 해역에서 며칠 동안 작전했으며,

- 주변 해역과 국제공역에서 함재기(예: J–15) 훈련 및 이착륙 작전을 펼친 것으로 파악됩니다.

- 일본 방위성도 산둥 항모전단이 4월 중 일본 남방 인근 해역에서 활동하며 정찰·훈련을 한 사실을 보고했습니다

매일 뉴스에서 전투기 소리, 미사일 발사, 침공 시나리오만 나오면 사람들은 점점 지쳐가요. 처음엔 무섭다가, 나중엔 "어차피 올 거잖아" 하고 포기하려는 마음이 생기죠. 이건 단순한 여론이 아니라, 심리전이 효과를 거두고 있다는 증거가 아닐까요? 사람들의 마음속에 포기와 체념이 퍼지고 있으니까요.

언론과 SNS도 함께 움직여요

미국 스탠퍼드대 *Internet Observatory*, 호주 ASPI(전략정책연구소), 대만 정부 산하 NCC(국가통신위원회) 보고서를 보면 공통된 결론이 있어요.

중국 관련 플랫폼이나 친중 네트워크에서 "통일은 현실", "독립은 불가능", "전쟁을 피하려면 통일해야 한다"는 메시지가 의도적으로 반복 노출된다는 겁니다. 특히 젊은 층이 많이 보는 짧은 영상 위주로요.

이게 무서운 이유는, 한 번에 세뇌하는 게 아니라 "어쩔 수 없지 않나?"라는 체념을 만드는 방식이기 때문이에요.

연구들에서 자주 나오는 표현이 있어요. 바로 "Peace through Unification", 그러니까 "통일이 곧 평화다"라는 프레임이에요.

대만 국방부와 NCC가 분석한 허위·왜곡 정보 사례를 보면, 이런 문장이 반복돼요.

- "독립 주장하면 전쟁 난다"
- "미국은 도와주지 않는다"
- "저항해 봐야 희생만 늘어난다"

이게 계속 반복되면요, 사람들이 이렇게 생각하게 돼요.

"차라리 싸우지 말고 조용히 넘어가는 게 낫지 않나?"

이건 전쟁 공포를 이용한 심리전이라고 연구자들이 명확히 말해요.

'나라를 지킬 의지'를 무너뜨려요

ASPI와 대만 국방연구원의 공통된 분석이 이거예요.

중국의 목표는 군대를 이기는 게 아니라, 싸울 이유를 없애는 것이라고요. 최근 대만 내부 보고서들을 보면, 청년층에서 군 복무 회피, 시민 방위 참여 감소가 실제로 나타났어요. 단순히 전쟁이 무서워서라기보다, 이런 인식이 커졌다는 거예요.

- "지켜도 소용없다"
- "어차피 이길 수 없다"
- "가치보다 평화가 낫다"

연구자들은 이 상태가 되면 전쟁은 시작되기도 전에 끝난다고 말합니다.

작전 단계	전쟁 전략	국민의 반응
1단계	전투기 · 항공모함으로 겁주기	무섭다… 불안하다…
2단계	SNS로 통일 당연하다는 인식 퍼뜨리기	세뇌당해 "그럴지도…"
3단계	청년들의 군대 회피 유도	"군대 가기 싫어!"
4단계	"어차피 질 텐데…" 체념 유도	"그냥 포기하자…"

홍콩과 대만에서 벌어진 침공, 다음은 우리 대한민국?

여러분, 우리가 지금부터 이야기할 동북공정은 마치 다른나라 이야기 같지만, 사실은 우리 대한민국에게도 똑같이 벌어지고 있는 일이랍니다.

홍콩의 자유를 없애고, 대만을 자기 땅이라 우기면서 정치·문화·경제까지 슬그머니 침투해 들어갔어요.

똑같은 방식으로 지금 대한민국에도 조용히, 천천히 들어오고 있다면 어떨까요?

그 시작이 바로 우리의 '역사'를 바꾸려는 거예요. 이게 무서운 이유는, 땅보다 먼저 기억과 정체성, 그러니까 우리가 누구인지 그 뿌리와 정신을 빼앗기게 되기 때문이에요.

11

동북공정은 역사와 정체성을
훔치는 전쟁

'영토'보다 먼저 빼앗으려는 것은 바로 '역사'랍니다

요즘 전쟁은 조용히, 글자로, 교과서로 벌어지기도 합니다. 바로 '역사'를 빼앗는 전쟁이에요. 지금 우리한테도 벌어지고 있어요. 그 이름은 동북공정(東北工程)입니다.

고조선, 고구려, 백제, 신라, 발해, 고려 같은 고대 우리 대한민국 선조의 나라와 역사를 "중국의 역사"라고 우기고 있어요. 왜 그럴까요? 이건 단순한 역사 싸움이 아니에요.

"과거에 한반도가 원래 우리 거였으니까, 앞으로도 우리 거야!"

이런 논리를 만들 수 있지 않을까요? 하지만 이런 논리는 완전 거짓말이에요! 고조선은 기원전 2333년, 단군왕검이 세운 우리 민족의 나라입니다.

고구려는 한강 이북에서 만주, 요동, 요서까지 뻗어 있었고, 우리만의 언어, 법, 군사 제도를 갖춘 우리 선조의 독립국가였어요. 수나라, 당나라와 전쟁을 벌여 격퇴시켰던 강국이랍니다.

'동북공정'은 역사를 자기 거라 우기면서 미래를 지배하려는 거죠. 지금도 고구려 유적지를 중국에 있는 "조선족 유산"이라고 소개하기도 한답니다. 이런 식으로 영토 분쟁의 근거를 만들려는 것입니다.

세대가 바뀌면, 기억도 바뀐다 – 교육의 힘

더 무서운 사실은 중국에 사는 청소년들이 교과서에서 "고구려는 중국의 역사다"라고 거짓 역사를 배우고 있다는 사실입니다. 이 친구들이 만약 나중에 대한민국에 와서 유학하고, 취업하고, 시민권도 받고는 "고구려는 원래 중국 거였어!"라고 주장하면 어떤 사태가 벌어질까요?

역사와 문화전쟁은 군사전쟁보다 더 교묘한 공격이에요. 눈에 보이지 않기 때문입니다.

아무리 군대가 강하고 나라가 부강해도, 문화적, 역사적 정체성을 빼앗기면 전쟁에서는 패배할 확률이 높답니다.

우리나라만의 문제가 아니다 – 티베트, 내몽골, 위구르

이렇게 역사를 빼앗으려는 국가는 우리나라만의 문제가 아니에요.

- 티베트는 원래 독립국이었지만 지금은 언어도, 종교도, 문화도 거의 다 사라졌어요.

- 내몽골도 원래 몽골 제국의 중심지였지만 지금은 '소수민족 자치구'로 남게 되었지요.

- 위구르 지역은 더 심각해요. 인권 탄압과 인구 집단이주까지 벌어지고 있어요.

더 안타까운 건, 우리 내부의 문제예요.

우리나라의 초·중·고 역사 교과서를 보면 고구려가 얼마나 자랑스러운 나라인지 잘 안 나와요. 동북공정이 왜 무서운지도 거의 배우지 못합니다. 대학에는 공자학원, 서울대학교에는 시진핑 자료실 같은 게 슬쩍 들어오고 있답니다. 이 문제의 심각성을 경고하는 사람도 거의 없어요.

중국의 동북공정은 미래에 대한민국을 지배하려는 큰 전략의 일부 아닐까요? 우리가 고조선과 고구려를 지키는 건, 단지 과거 역사만을 위해서가 아니라 오늘의 대한민국과 내일의 자유와 주권을 지키기 위한 일이랍니다.

12

차이나타운은 문화일까?
위장일까?

요즘 우리나라 곳곳에 '차이나타운'이라는 곳이 생기고 있어요. 겉보기엔 화려하고 신기할 수도 있지만, 사실 그 안에는 우리가 꼭 알아야 할 중요한 이야기가 숨어 있답니다.

우리나라 안에 다른 국가가 들어서고 있어요

혹시 길을 가다가 빨강 호롱불, 용 무늬가 그려진 대문이 있는 동네를 본 적 있나요? 이런 곳을 '차이나타운'이라고 불러요. 예전엔 드물었지만, 요즘은 점점 많아지고 있답니다.

예전에는 인천에만 차이나타운이 있었어요. 하지만 지금은 서울의 여러 지역과 평택, 포천, 전주, 제주, 부산 등 전국에 계속 생기고 있어요. 더 놀라운 사실은 어떤 차이나타운은 심지어 우리나라 세금을 써서 만드는 경우도 있다는 거예요. 이건 단순한 관광지가 아니라, 우리나라 안에 중국식 동네를 만드는 것 아닐까요?

문화 교류처럼 보이지만, 실제로는 문화 점령일 수도 있다?

문화 교류는 원래 서로 배우고 존중하는 좋은 일이에요. 그런데 만약 중국문화만 퍼지고, 우리 문화가 밀려난다면? 그건 '교류'가 아니라 '점령'이지요. 이런 일이 벌어지고 있어요:

- 간판에 중국어만 있고 한글은 없어요
- 중국을 상징하는 빨간 깃발과 용 장식으로 가득해요.

이건 문화로 위장해서 침략을 도모하는 국가 지배 전략이라고 할 수 있지 않을까요?

우리나라 지방정부는 왜 차이나타운을 허락할까요?

지방정부는 관광객이 오고 경제에 도움이 될 거라고 생각해서 차이나타운을 반기는 경우가 많아요. 하지만 문제는 시간이 지날수록 중국 자본에 의존하게 된다는 것!

어떤 지역은 중국 지방정부와 공식 협약을 맺고, 설계 작업까지 위탁한 곳도 있다고 합니다. 그러면 그 동네는 사실상 중국의 영향권에 들어가는 것 아닐까요?

다른 나라는 어떻게 했을까요?

호주, 캐나다, 독일 같은 나라는 차이나타운이 생길 때 꼭 자기 나라 문화가 잘 지켜질 수 있는지 먼저 따져봅니다.

외국 국기나 정치 광고물을 공공장소에 걸지 못하게 하는 법안도 있지요.

그런데 우리나라는 아직 그런 규칙과 법안이 부족하고, 일부 정치인들은 오히려 이런 행위를 도와주기도 해요. 문화는 그냥 멋있는 건물이나 장식이 아니에요. 그 민족의 생각과 자존심, 그리고 정체성을 담고 있답니다.

만약 우리나라에 차이나타운이 너무 많아지고, 그곳에서 한국말이 사라지고 중국 국기가 펄럭인다면, 그건 단순한 문화거리가 아니라 중국의 정체성이 우리나라에 침투해 들어오는 것 아닐까요?

13

바닷길을 빼앗기면
적에게 숨통을 잡힌다?

우리나라가 다른 나라와 물건을 사고 팔 때 가장 중요한 길은 무엇일까요?

맞아요, 바로 바다를 통해 오고 가는 "바닷길"이에요. 근데 요즘 이 바닷길로 몰래 침략해 들어오는 나라가 있답니다.

우리나라 항만과 물류 통로를 노린다

'항만'은 바닷가에 있는 아주 큰 부두예요. 여기서 엄청나게 큰 배들이 짐을 내리고 싣죠. 외국에서 수입한 옷, 생필품, 과자, 우리나라에서 만든 스마트폰, 자동차, 컴퓨터 등 이 모든 게 항만을 통해 들어오고 나갑니다.

그래서 항만은 우리나라 경제의 '숨구멍'이고, 코가 막히면 숨을 못 쉬듯, 항만이 막히면 물건도 못 들여오고, 수출도 문제가 생깁니다. 그런데 요즘 중국이 평택항, 부산항, 군산항 등 우리나라 항만 근처에 물류 창고와 배후 시설을 만들고 있어요. 창고는 물론이고, 통신 장비와 데이터 센터까지 설치하려 해요.

이건 마치, 남의 집 현관문 앞에 몰래 CCTV를 설치하고, 택배 상자를 마음대로 열어보는 것과 같답니다. 항만을 장악해서 우리나라를 조용히 통제하려는 전략 아닐까요? 만약 우리 항만을 장악하게 되면, 우리가 수입하고 수출하는 모든 정보를 확인 할 수도 있을 것이고 자기들 마음대로 물건 이동을 못하게 지연시킬 수도 있게 됩니다. 그러면 우리나라 경제는 '꽉' 막혀버리지 않을까요?

다른 나라는 어떻게 대응하고 있을까요?

호주는 외국 기업이 항만을 사들이지 못하게 법으로 규제하고 있어요.

일본도 국가 안보에 영향을 줄 수 있다면, 계약 자체를 금지시켜요. 미국은 중요한 항만에는 외국 자본이 절대 들어오지 못하게 하고 있답니다.

그런데, 우리나라는 아직도 이런 보호 장치나 규제가 거의 없어요. 심지어 어떤 기업은 중국의 제안에 덥석 계약해 버린답니다. 그리고 이런 투자를 도와주는 일부 정치인들도 있다고 해요. 단기적으로는 수익에 도움이 되겠지만, 장기적으로 보면 우리나라가 국가적 손해를 보게 될 수도 있을겁니다.

바닷길, 즉 항만은 단순히 배가 오가는 곳이 아니에요. 만약 그걸 하나 둘 다른 나라가 장악하게 된다면, 우리는 물건을 제때 못 받고, 자유롭게 무역도 못 하게 돼요. 그렇게 되면 우리나라는 경제와 물류 순환이 답답한 나라가 되어버릴 수 있겠죠? 그러면 미래의 침략은 군함과 미사일보다, 선박을 싣는 부두와 바닷길에서부터 시작 되는 것입니다.

<u>14</u>

조심! 공산주의가
우리 학교에 몰래 침입한다

국립대학교 포함 우리나라 주요 대학교에서 공자학원 아카데미가 운영되고 있답니다. 원래는 언어와 문화를 알려주는 곳이라고 했어요. 그래서 우리나라 대학이나 고등학교에는 공자학원이 서서히 퍼지기 시작했답니다.

공자학원, 이름은 그럴듯한데 속은 달라요

놀랍게도 세계 최초의 공자학원이 생긴 나라도 대한민국입니다.

2004년 11월, 서울 강남에 서울 공자아카데미가 문을 열었습니다. 현재 한국에는 약 20개 이상의 주요대학에 공자학원이 설치되어 있고, 130곳이 넘는 초·중·고교에 공자학당이나 공자교실이 있습니다 아시아에서 가장 많습니다.

그런데 정부 차원에서 퇴출이나 조사 이야기가 거의 없습니다. 실제 사용된 교재를 보면 더 당황스럽습니다 시민단체의 조사에 따르면, 일부 공자학원 교재에는 중국 공산당을 찬양하는 가사가 등장합니다.

또 한 학교 홈페이지에는 6·25 전쟁을 '미국에 맞서 나라를 지킨 전쟁'으로 묘사한 영상이 올라왔다가 삭제되기도 했습니다.

강사 계약도 문제입니다. 중국 정부는 '올바른 정치적 식견'을 요구합니다. 티베트, 신장 위구르, 대만 문제에서 공산당과 다른 입장을 가지면 안 됩니다. 그런데도 우리는 왜 아무 말이 없을까요?

국회 회의록과 논문을 찾아보면, 공자학원을 언급한 맥락은 거의 하나입니다.

"세종학당이 공자학원을 벤치마킹해야 한다."

공자학원이 중국 공산당의 사상과 이념을 한국에 주입할 수 있다는 문제의식은 거의 찾아보기 어렵습니다. 한 국회의원이 "해외에서는 퇴출하는데 우리는 조사할 생각이 없느냐"고 묻자 교육부는 "해외 사례를 참고해 한번 살펴보겠다"고 답했습니다. 그로부터 반년이 지나도 아직도 조사 중이라고 합니다.

돈 이야기도 빼놓을 수 없습니다 해외 사례를 보면 공자학원 설립 시 10억 원 지원,

매년 2억 원 운영비를 지원합니다. 학생 탐방, 장학금, 연구비까지 혜택이 큽니다. 그래서인지 미국·캐나다·유럽이 아닌 아프리카, 남미, 아시아에서는 퇴출 이야기가 거의 없습니다.

중국은 공자학원에 연간 약 2,000억 원, 지금까지 수 조 원을 쓴 것으로 추정됩니다. 이 정도 돈을 쓰면서, 과연 아무것도 바라지 않을까요? 교재 선정과 교사 채용은 사실상 중국 공산당이 정합니다.

물론 한국의 공자학원이 다른 나라와 완전히 같다고 단정할 수는 없습니다. 하지만 다른 나라들이 왜 그렇게 강하게 경계하는지, 우리는 너무나도 아무 생각 없이 받아들이고 있는 건 아닌지 한번쯤은 고민해

볼 필요가 있지 않을까요? 적어도 "그냥 어학당이겠지" 하고 넘기기엔 이미 아주 많은 사례들이 나와 있답니다.

다른 나라는 어떻게 하고 있을까요?

이 이야기 들으면 처음엔 좀 이상하다고 느끼실 겁니다. 마오쩌둥을 찬양하는 미국 대학생들이 있다면 믿으시겠어요? 2000년대 후반부터 2010년대 초반까지, 전 세계적으로 묘한 사건들이 연달아 터지기 시작합니다.

중국이 '문화'라는 옷을 입고, 다른 나라들의 사상과 학문 영역에 깊숙이 들어오기 시작한 흔적들이 하나 둘 드러났던 거죠.

2014년에는 포르투갈 학술행사에서 대만 관련 자료가 있다는 이유로 중국이 사전 검열을 요구한 사건도 있었답니다. 중국이 국수주의적인 나라니까 그럴 수도 있다고 생각하실 수 있겠죠. 그런데, 이건 선을 넘은 겁니다.

미국에는 공자학원이 100개 이상 있었는데, 거의 다 폐쇄되고 이제 5개 미만만 남아 있다고 해요.

유럽 최초로 공자학원을 들여왔던 스웨덴은 모든 공자학원을 철수시켰고, 덴마크, 프랑스, 독일 대학들도 줄줄이 계약을 종료했습니다. 이름만 보면 그냥 어학당 같은데, 도대체 왜 이렇게 기를 쓰고 내보내려는 걸까요?

캐나다 사례를 보면 이유가 분명해집니다 2014년, 캐나다 토론토 교육청 이사회가 공자학원에 대한 조사를 시작합니다. 그 과정에서 이런 증언이 나옵니다.

"교사 채용 기준이 중국 공산당이 정한 자격 요건에 맞아야만 한다. 맞지 않으면 채용하지 않는다."

이게 과연 자유로운 교육일까요? 학부모들 사이에서는 중국어 교재에 중국 공산당 사상을 찬양하는 내용이 들어 있다는 항의도 이어졌습니다. 이사회는 격렬한 찬반 토론 끝에 결론을 내립니다.

"공자학원은 캐나다의 가치와 충돌한다. 퇴출해야 한다."

2014년 11월, 토론토 교육청은 압도적인 표차로 계약 종료를 결정합니다. 특히 기뻐했던 사람들은 중국계 캐나다인들이었습니다. 공산당이 싫어서 중국을 떠났는데, 캐나다에서까지 그 통제를 받는 건 견딜 수 없다는 거였죠. 이후 미국, 독일, 덴마크로 공자학원 폐쇄가 확산됩니다.

제기된 문제는 분명합니다

- 공자학원은 공산주의 체제를 선전한다
- 공산당 시각이 담긴 교재만 사용한다
- 공산당 입맛에 맞지 않으면 연구를 못 하게 한다
- 학문의 자유를 침해한다
- 중국 유학생이나 인권운동가 동향을 감시한다

미국 정부 보고서에는 중국 공산당의 여론 조작 수단 중 하나가 공자학원이라고 명시돼 있습니다. 그래서 미국 국무부는 공자학원을 중국의 '해외공작기관'으로 지정했습니다. 교육기관이 아니라, 사실상 선전 조직으로 본 겁니다.

시진핑 자료실이 뭐예요? 서울대학교에 박제된 공산당

서울대학교 중앙도서관에는 '시진핑 자료실'이라는 게 생겼어요. (서울시 관악구 관악로 1)

연구를 위해 만든 거라고 했지만, 그 속을 보면 시진핑 발언록, 공산당 책자, 홍보 자료가 가득해요. 더 놀라운 건, 이 자료실 운영에 중국 자본이 후원되고, 우리나라 교수들도 참여하고 있다는 겁니다. 이건 단순한 '교류'가 아니라, 대학교 안에 공산당이 들어와 앉아 있는 거나 마찬가지인 셈이지요.

학교 정체성이 흔들리면, 나라가 흔들려요

대한민국은 표현의 자유, 학문의 자유, 종교의 자유가 헌법으로 보장돼 있어요. 그런데 공자학원이나 시진핑 자료실은 공산주의 체제가 옳다고 가르쳐요. 어릴 때부터 공산주의 사상에 노출되면, 나중에 사회인이 되었을 때 민주주의를 의심하고, 전체주의를 흥미로워할 수도 있답니다. 일당독재 체제가 우월하다는 인식이 대학생들에게 심어진다면, 그것은 교육이 아니라 반국가적 선전행위나 마찬가지 아닐까요?

<u>15</u>

북한 공격을 막아주는 우리나라의 방패, '사드'를 왜 싫어할까?

'사드(THAAD)'는 우리 국민과 국토를 지키기 위한 방패인데, 이상하게도 중국이 화를 내면서 우리를 괴롭히기 시작했어요. 왜 그랬을까요?

사드(THAAD): 하늘에서 날아오는 미사일을 막는 방패!

우리 국군은 하늘에서 미사일을 요격 할 수 있는 국토 방어 무기, 사드를 2017년에 배치했어요. 북한의 미사일 공격으로부터 우리 국민을 지킬 수 있는 아주 중요한 방어 시스템이에요. 그런데 이 사드를 가장 싫어한 나라는 북한도 아니고, 바로 중국이었답니다.

이상하지 않나요? 사드는 중국을 공격하려고 만든 무기도 아니거든요. 그런데 우리에게 어떻게 행동했을까요?

1. 이마트와 롯데마트를 쫓아냈어요

롯데그룹이 경북 성주 골프장을 사드 부지로 제공했다는 이유로, 중국정부가 롯데마트 매장에 소방 점검, 위생 단속으로 갑자기 몰려왔어요. 112개 점포 중 87곳이 영업정지되었고, 나머지 점포들도 매출이

80% 이상 급감하여 사실상 휴점 상태에 이르렀어요. 결국 롯데는 중국에서 철수하게 됐지요. 회사가 엄청난 손해를 보았겠죠?

이마트도 1997년 진출하여 30개에 달하는 매장을 운영했지만, 지속적인 중국정부의 개입으로 적자 누적과 사업 환경 악화로 2017년 전면 철수하기로 결정했답니다.

2. 한류를 막았어요

한국 드라마나 가수들의 방송을 금지했어요. '한한령(限韓令)'이라고 불러요.

K-Pop 아이돌과 연예인들이 활동을 못하고, 우리나라 예능도 거의 다 사라졌답니다.

3. 관광도 막았어요

여행사에 "한국 여행 금지!"라고 지시했어요. 그래서 중국인 관광객이 절반 이상 줄어버렸답니다.

사드는 공격용 무기가 아니에요

중국은 "사드가 우리를 감시한다!"고 주장했어요. 하지만 사실 사드 레이더는 특정 지역만 볼 수 있고, 중국 전체를 감시할 수도 없는데 말이죠. 또, 우리나라에는 이미 굳건한 한미동맹을 통한 미국 위성과 정보망이 있어서 굳이 사드로 볼 이유도 없답니다!

사드는 북한 미사일을 막기 위한 방패랍니다.

다른 나라는 뭐라고 했을까요? 당시 우리나라 정부는?

당시 중국의 반응을 보고 미국, 일본, 유럽연합 같은 나라들은 깜짝 놀라며 이렇게 말했어요:

미국: "우리 동맹국을 괴롭히면 안 돼! 대한민국을 지켜야 한다!"

일본: "한국한테 저런다고? 우리도 당할 수 있으니 준비해야겠다!"

유럽연합: "이건 공정한 무역에 어긋난다!"

그런데 정작 당시 우리나라 정부는 뭐라고 했을까요?

"중국은 한한령을 하고 있지 않아요."

"문제는 해결 되었어요. 이제는 다 괜찮아요."

하지만 우리나라 기업이 일방적으로 쫓겨나가고, 드라마와 TV프로그램 시청도 금지되고, 관광객도 줄었어요. 그런데, 우리나라 정부는 왜 이렇게 대응했을까요?

우리 안보를 위한 국토 방어 시스템을 설치했다고 중국이 우리나라 기업을 괴롭히고, 연예인들 활동을 막고, 관광을 금지시키는 건 말이 안 되는데도 불구하고, 우리 정부는 조용히 눈치만 보는 외교로 일관했답니다. 대한민국이 스스로 결정한 국토 방어 시스템인데, 외국이 간섭하고, 민간기업을 탄압하고, 문화까지 검열한다면 그것은 외교가 아니라 지배를 하겠다는 의도라고 볼 수 밖에 없습니다.

16

해외에 살고 있는 일반 중국인도 언제든 공작원이 될 수 있는 법적 구조가 있다?

우리 사회는 간혹 '간첩' 하면 옛 냉전시대의 잔재 정도로 여겨요. 하지만 공산당은 그렇지 않답니다. 이미 해외에 나가 있는 일반 국민을 '민간 공작 자산'으로 활용하는 체계를 법률로 구축해 놓았대요. 이 때문에 해외에서 평범하게 공부하고, 사업하고, 일하던 일반인조차 언제든 '공산당의 지령 대상자'가 될 수 있는 구조적 위험이 존재한답니다.

지령을 거부하면 어떻게 되나?

단순한 지령이 아니라 법적 의무입니다. 중국 정부의 해외 정보수집 지령은 단순한 "협조 요청"이 아니에요. 이미 중국의 여러 법률이 중국 자국민에게 정보 제공·협력 의무를 부과하고 있답니다. 대표적인 것이 다음과 같은 법률입니다.

- 국가정보법(2017 제정): 중국인·중국기업은 전 세계 어디서든 공산당의 정보수집에 협조 의무가 있다.
- 국가보안법(2015 제정): 공산당 체제 유지를 위해 거의 모든 분야를

‘국가안보’로 포괄한다.

■ 반간첩법(2014 제정/2023강화): 외국인·외국기업의 통상적 활동도 간첩으로 처벌 가능하도록 확대한다.

이 법률들은 ‘의무 조항’이에요. 협조하지 않으면, 법적 책임이 따른답니다. 처벌은 경미한 행정 제재부터, 국가안전 관련 중범죄까지 다양하게 책임을 물을 수 있어요. 즉, 중국인의 입장에서는 “선택 사항”이 아니고, 법으로 정한 의무를 이행하지 않으면 처벌되는 구조랍니다.

공산당이 마음만 먹으면 어떤 죄목이든 적용이 가능하다는 것이지요.

해외에 있어도 안전하지 않다

중국 정부는 가족, 재산, 비자·여권 등을 이용합니다. “중국에 집과 가족이 있다”라는 사실 자체가 지령을 무조건 이행하게 만드는 압박의 수단이 된다는 것이지요. 이런 일들은 바로 ‘국가안보와 정보수집 의무’가 결합된 법체계로 인해 벌어져요.

중국 공산당 체제는 국가와 당이 분리되지 않아요. “국가안보”라는 명목만 붙으면 거의 모든 영역에서 당의 법적 개입이 가능하답니다. 특히 해외에서 일어난 일도 중국 법 적용이 가능하다는 점이 문제랍니다.

홍콩 민주화 운동 때 해외 유학생들을 협박하거나, 지도부 비판자를 해외에서 조사하는 등 공산당은 해외에 살고있는 중국인을 ‘국가 정보 네트워크의 연장선’으로 규정해 놓은 셈이랍니다.

그 사람이 유학생이든, 자영업자든, 이민자든, 관광객이든 상관없이, 법적, 제도적, 심리적, 정치적 압박이 모두 가능한 구조입니다.

한국에서도 이런 우려가 적용되나?

'실제 적발 사례'는 존재하며, 앞으로 더 늘어날 가능성이 높습니다. 한국에서도 중국 국적자 또는 조선족이 연루된 간첩 사건이 적발된 바 있으며, 공산당 정보기관이 해외 화교·유학생·기업인을 활용해 공작을 시도해 온 것은 국제적으로 확인된 패턴이랍니다.

한국이 예외일 리는 없고, 일부 사건은 실제로 재판까지 가기도 해요. 그런데 더 심각한 문제는 적발된 건 극히 일부일 뿐이라는 점입니다.

우리나라는 중국인 유학생 수 최다 국가 중 하나이고, 중국 국적자의 국내 경제 활동량은 계속 증가 중이며, 대규모 관광·투자 인프라가 이미 만연해 있고, 지리적·군사적 요충지라는 것입니다.

이러한 조건 때문에 공산당이 정보수집과 영향력 공작을 전개하기 좋은 환경이라고 볼 수 있어요. 특히 중국 정부의 '해외 중국인 조직 동원 시스템(유학생회, 동포 단체, 상회, 민간 교류 조직 등)'은 이미 국제사회에서 정보·통제 수단으로 작동한다는 지적이 많습니다.

정리하자면, 중국인은 누구든 '간첩 자원'이 될 수 있는 법적·정치적 구조가 이미 마련돼 있으며, 핵심은 중국의 해외 간첩 문제는 특정한 '특수 요원'만의 이야기가 아니라는 것입니다. 공산당이 만든 법체계 안에서는 '일반 국민'도 언제든 국가의 정보수집 도구가 될 수 있는 구조입니다.

그리고 이 구조는 법(국가정보법, 반간첩법), 당의 통제, 가족·재산·입국권을 이용한 압박, 해외 조직 동원 시스템 − 이 네 가지가 결합해 작동합니다.

해외 중국인이 많아지면 자연스럽게 교류가 늘어나면서, 그중 일부가 "자발적이든 비자발적이든" 공산당 지령을 수행할 가능성은 구조적으로 존재하게 된다는 것입니다. 이것을 단순한 "편견"이나 "혐오"라고 할 수 있을까? 중국의 법과 정치체계가 스스로 만든 리스크이자 이미 도래한 현실 문제이지 않을까?

침공을 위한 공산당의 24가지 전투 방법

1부

눈에는 보이지 않는 공격
- 비균사전

17

돈으로 벌이는 전쟁
– 금융전(金融戰)

총 대신 '돈'을 무기로 공격하는 것을 바로 금융전이라고 불러요. 돈의 힘으로 나라를 흔드는 전쟁이랍니다.

"에이, 설마 돈으로 나라가 흔들려?"라고 생각할 수 있지만, 실제로 벌어지고 있답니다.

디지털 화폐 공격

중국은 지금 디지털 위안화라는 특별한 전자 화폐를 만들고 있어요. 왜 만들었을까요? 바로 달러를 밀어내고, 자기들이 전세계 화폐의 주인이 되기 위해서입니다. 세계 모든 나라가 미국 달러로 거래하고 있어요. 특히 국제적으로 석유 거래 시 페트로달러 시스템 체제가 구축되어 있죠. 그래서 달러가 강한 나라 = 경제 강국이라고 볼 수 있지요.

그런데 "이젠 위안화로 바꿔!"라고 말하며 세계 무역과 금융 흐름을 자기들 마음대로 조종하려 하고 있답니다.

실제로,

■ 아프리카와 동남아시아 나라들에 디지털 위안화 실험을 시도하

기도 하고,

- 자기 나라 환율을 마음대로 조작해서 수출입 가격을 유리하게 바꾸기도 합니다.
- 다른 나라에 투자한다면서 사실은 경제를 뒤흔드는 돈을 뿌리기도 합니다.
- 베네수엘라 등 산유국과 거래 시 페트로 달러(Petrodollar) 체제를 회피하여 거래하기도 합니다.

홍콩이 당한 금융 침략

홍콩은 원래 금융의 자유가 보장된 도시였어요. 그런데 홍콩의 은행, 증권시장, 화폐 정책까지 손을 대기 시작했어요. 그리고 지금, 홍콩의 금융 기관은 하나둘씩 중국 정부가 통제하게 되었어요. 세계 투자자들도 떠나고, 외신 기자들도 떠나고, 홍콩의 경제는 크게 위축됐답니다.

우리나라도 안심할 수 없어요

대한민국에도 거대한 자본이 몰래 들어와요. "투자하겠다~" 하면서 땅도 사고 건물도 사고 회사도 사고, 심지어 언론사와 스타트업 기술에까지 손을 댑니다. 그 돈은 단순한 투자가 아니에요.

예시:

- 제주도에 몰려든 외국 자본, 땅값 폭등 유도 가능
- 외국계 기업이 우리나라 스타트업에 거대 자본 투자 후 기술 빼가기 가능

- 외국계 은행이 우리나라 금융시장에 영향력 확대 가능

금융으로 조용히, 그러나 무섭게. 이건 단순한 투자가 아닐 수도 있다는 생각을 가지고 늘 경계해야 합니다.

<u>18</u>

무역이 전쟁이 된다?
– 무역전(貿易戰)

나라들끼리 물건을 사고 파는 무역이 무기가 되면 어떨까? 나라끼리 서로 물건을 안 팔거나, 사지 않거나, 괴상한 조건을 붙이면서 압박을 주는 걸 무역전(貿易戰)이라고 합니다. 무역전은 싸우는 방법이 아주 교묘합니다.

대표적인 무역전 방식은 이런 것들입니다.

- "너희 나라 물건, 우리나라에서는 이제 못 팔게 할 거야"
- "우리 물건, 너희 나라에 안 팔아"
- "물건을 팔고 싶으면 세금을 엄청 많이 내"
- "안전 검사, 환경 규제, 서류를 계속 새로 내"

겉으로 보면 법을 지키는 것처럼 보이지만, 실제로는 상대 나라 경제를 흔들기 위한 공격이랍니다. 이렇게 되면 어떤 일이 벌어질까요?

- 상대 나라 기업은 물건을 못 팔아 큰 손해를 보고
- 공장이 멈추고
- 일자리가 줄어들고

■ 경제 전체가 흔들리기 시작합니다.

무역전의 진짜 무서운 점

무역전은 단순히 "물건을 덜 사고파는 문제"가 아니예요.

무역전이 진짜 무서운 이유는 국가의 경제 구조 자체를 서서히 망가뜨릴 수 있기 때문입니다.

전쟁은 시작하면 모두가 압니다. 뉴스가 나오고, 경고가 울리고, 대비를 합니다. 하지만 무역전은 다릅니다.

■ 갑자기 통관이 느려지고

■ 갑자기 안전 기준이 바뀌고

■ 갑자기 계약이 취소됩니다.

공식 발표는 없습니다. 그래서 처음에는 이렇게 생각합니다.

"일시적인 문제겠지?"

"시장 상황이 안 좋아서 그런가?"

그 사이 피해는 조용히 누적된답니다.

정부보다 기업과 국민이 먼저 쓰러진다

군사 전쟁에서는 군대가 먼저 싸웁니다. 하지만 무역전에서는 기업과 노동자가 최전선입니다.

■ 수출이 막히면 공장이 멈추고

■ 매출이 줄면 해고가 시작되고

■ 실직은 곧 소비 위축으로 이어집니다.

정부는 "외교 문제"라고 말하지만, 그 사이 국민의 삶은 이미 흔들리고 있습니다. 즉, 방패 없이 민간이 먼저 공격당하는 전쟁입니다.

특정 산업을 골라 정확히 타격한다

무역전은 무작위 공격이 아닙니다. 상대 나라가 가장 아파할 부분만 정확히 노립니다.

- 반도체
- 배터리
- 에너지
- 식량
- 관광

이런 핵심 산업 하나만 흔들어도 국가 경제 전체가 흔들립니다. 총을 쏠 필요도 없습니다. 공급망 하나 끊으면 끝입니다.

오래 갈수록 회복이 더 어렵다

무역전은 보통 짧게 끝나지 않습니다.

- 기업은 대체 시장을 찾기 어렵고
- 공장은 쉽게 옮길 수 없고
- 기술과 인력은 하루아침에 재구성되지 않습니다.

무역전이 길어질수록 기업은 포기하고, 기술은 끊기고, 국가 경쟁력은 서서히 떨어집니다. 그리고 끝났을 때는 이미 늦은 경우가 많습니다.

'의존성'이 무기로 바뀐다

무역전의 핵심은 의존성입니다.

- 특정 나라에 수출을 많이 의존할수록
- 특정 나라에서 꼭 필요한 물건을 들여올수록

그 나라는 언제든지 인질이 될 수 있습니다. 어제까지는 "중요한 무역 파트너"였던 나라가 오늘은 버튼 하나로 경제를 멈출 수 있는 상대가 됩니다. 무역전이 무서운 이유는 단순합니다.

- 보이지 않게 시작되고
- 민간이 먼저 피해를 보고
- 핵심 산업을 정확히 노리고
- 오래 갈수록 회복이 어렵기 때문입니다.

우리나라는 중국에 물건을 182조 원어치 수출했지만, 중국에서 208조 원어치를 수입해 결과적으로 26조 원을 더 쓰는 무역 적자를 보고 있어요. 쉽게 말해, 중국과의 거래에서 벌어들인 돈보다 쓴 돈이 26조 원 더 많다는 뜻입니다. 2023년 기준으로 산업통상자원부의 발표에 따르면 우리나라 전체 상품 수출에서 중국이 차지하는 비중은 약 19.7%였습니다. 이런 비중은 중국을 상대로 무역 의존도를 나타내는 중요한 지표입니다.

19

땅속 자원이 무기가 된다?
– 자원전(資源戰)

석유, 석탄, 리튬, 희토류 같은 자원들은 우리가 일상에서 쓰는 자동차, 핸드폰, 컴퓨터, 전기차 같은 것들을 만들 때 꼭 필요해요. 그런데 이걸 무기처럼 이용하고 있어요. 이걸 우리는 자원전이라고 불러요. 총을 쏘진 않지만, 나라 경제 전체의 숨통을 막아버리는 공격이랍니다.

땅속 자원이 전쟁 무기라고요?

세상엔 자원이 풍부한 나라와 부족한 나라가 있어요. 자원이 많은 나라는 이렇게 말해요,

"너희 우리 말 안 들으면 자원 안 팔 거야!" "더 사고 싶으면 돈 더 내!"

이런 식으로 자원을 조절해서 위협하거나 압박해요. 이게 바로 자원전의 핵심 전략입니다.

희토류 무기화 작전!

희토류는 아주 희귀한 자원인데, 우리 주변의 거의 모든 첨단 기기에 꼭 들어가요. 스마트폰, 위성, 로켓, 첨단 무기, 전기차까지, 희토류

없으면 아무 것도 못 만든다고 해도 과언이 아닙니다. 전 세계 희토류의 대부분을 중국이 생산하는데 이걸 가지고 이용하는 거래를 합니다.

2010년, 일본 해경이 중국어선의 불법 조업을 단속하자 갑자기 희토류 수출을 끊었습니다. 일본 기업들, 특히 자동차와 전자제품 회사들은 큰 피해를 입었답니다.

"부품이 없어서 조립을 못해요!"

그 이후 일본은 "자원도 무기구나!"하고 깜짝 놀랐고, 경제적으로 큰 타격을 받았어요.

리튬과 코발트 전쟁

전기차 배터리와 스마트폰 배터리에는 리튬과 코발트가 꼭 들어가요.

- 아프리카에 투자해서 광산을 통째로 사버렸어요.
- 그리고 리튬 가격을 올렸다 내렸다 하며 다른 나라 기업을 쥐락펴락 하고있어요.

전기차 산업 뒤에 숨은 인권과 착취

전기차가 친환경의 상징처럼 홍보되고 있지만, 그 뒤에는 어두운 진실이 숨어 있어요.

배터리를 만들려면 리튬, 코발트, 니켈 같은 희귀 금속이 꼭 필요해요. 그런데 이 광물들의 상당량이 직접 채굴하거나, 중국이 관리하는 아프리카와 남미의 광산에서 나온답니다.

그 광산에서는 수많은 아이들과 노동자들이 비위생적인 환경에서 일하고 있습니다. 맨손으로 흙을 파헤치고, 보호장비도 없이 독성물질에 노출되며, 하루 몇 달러도 안 되는 임금을 받습니다. 그리고 이렇게 채굴된 광물이 '친환경 전기차'라는 이름으로 전 세계에 팔려 나가죠. 즉, 전기차의 번쩍이는 모양 뒤에는 인권 착취와 환경 파괴라는 이면이 있답니다.

중국은 배터리 산업의 거의 모든 공급망을 통제하고 있습니다. 원광을 캐는 단계부터 제련, 소재, 배터리 셀 생산, 완성품 납품까지 이어지는 라인을 사실상 장악했죠. 그래서 전세계 국가들이 "전기차 전환"을 외치면, 결국은 중국의 공급망을 통하지 않고는 배터리를 만들 수 없는 상황이 되어버린답니다.

결국 "탄소를 줄이기 위한 전기차"가 오히려 중국의 경제적 무기와 동시에 로비의 수단으로 작동하고 있어요. 이건 환경문제가 아니라, 국제 정치·경제의 구조적 종속 문제랍니다.

<u>20</u>

돕는 척하고 몰래 침략한다?
– 원조전(援助戰)

누군가가 여러분에게 "내가 도와줄 게~"라고 하면 기분이 어때요? 고마운 마음이 들죠?

그런데 그 뒤에 다른 나쁜 속셈이 있다면 어떨 것 같나요? 이런 식으로 '도움'을 무기로 쓰는 전쟁이 있어요.

그게 바로 원조전(援助戰)입니다.

겉으로는 선물, 속으로는 덫

원조(AID)는 다른 나라를 도와주는 걸 말해요.

- 가난한 나라에 도로, 병원, 학교, 철도 등을 지어주고,

- 식량이나 생필품을 보내주고,

- 기술을 알려줘서 도와주기도 해요.

그런데 조건이 따라붙으면 이야기가 달라집니다.

- "우리가 도와줄 게~ 대신 광산은 우리한테 넘겨."

- "도로 깔아줄 게~ 대신 우리한테 이 땅 싸게 줘"

이런 조건이 붙는 원조, 그리고 그걸 이용해 나라를 조종하는 걸 원조전이라고 해요.

아프리카 원조, 정말 도움일까?

중국은 아프리카에 아주 많이 투자했어요. 병원, 철도, 도로, 항만까지. 겉보기엔 도와주는 일처럼 보여요. 하지만 그 뒤에 남는 것은 빚과 착취랍니다.

- 예시 1. 광물 채굴권 착취

  아프리카 나라에 철도 놓아주고, 대신 그 나라의 리튬, 코발트, 금광을 수십년 독점!

- 예시 2. 정치 간섭 및 로비

  "우리가 이렇게 도와줬으니, 국제회의에서 우리 편 들어줘!" 실제로 유엔 투표에서 아프리카 여러 나라들이 손을 들어줬어요.

- 예시 3. 중국 노동자만 고용

  도로 공사, 병원 건설 등에 중국 돈으로 중국사람이 와서 중국 자재로 시공하고, 결국 아프리카 사람들한테 남는 건 빚뿐이에요.

'채무 함정 외교'

이런 전략을 두고 전 세계 전문가들은 "채무 함정 외교(Debt Trap Diplomacy)"라고 불러요. 도움을 주는 척하면서 엄청난 빚을 지게 하고, 돈을 못 갚으면 항구, 공항, 땅, 자원을 빼앗는 방식이지요. 실제로 스리랑카는 빚을 못 갚아서 항구를 99년 동안 중국에 빼앗겼답니다.

우리도 이런 숨은 의도를 조심해야 합니다

우리나라는 원조는 아니지만 가끔 중국과 경제 협력을 할 때가 있어요. 이 때 조심해야 합니다.

- "기술 좀 알려줘~" 하더니 나중에 똑같은 제품 만들어서 빼앗아 가요.
- "같이 투자하자~" 하더니 나중엔 지분을 다 빼앗아가요.

"도와준다"는 말 속엔 함정이 있을 수 있다는 걸 기억해야 합니다.

21

법으로 우리나라를 침공한다?
– 법률전(法律戰)

"법" 하면 뭐가 떠오르나요? 맞아요, 정의, 질서, 공정함 같은 단어들이 생각나죠? 그런데 이 "법"을 자기 입맛대로 바꿔서 거짓말을 정당화하고, 다른 나라까지 억지로 혼란스럽게 만드는 무기로 이용하기도 합니다. 이걸 법률전이라고 해요. 법으로 누명을 덮어씌우고, 법으로 자기 주장만 내세우는 전쟁이랍니다.

정의를 이용해 거짓을 감추는 기술

법률전은 이렇게 벌어져요:

- 1단계: 국제법이나 약속을 자기에게 유리하게만 해석
- 2단계: 불리한 판결은 "인정 못 해!" 하며 무시
- 3단계: 자기 나라 법을 강제로 다른 나라에까지 적용

이건 마치 운동 경기에서 심판 말 안 듣고 룰을 자기 마음대로 바꾸는 것과 같습니다.

남중국해 판결 무시 사건

남중국해는 동남아시아 여러 나라들과 가까운 바다예요. 그런데 중국이 "여긴 다 우리 바다야!"라고 주장했어요. 지도에 큰 원을 그어 놓고 자기 영토인 것처럼 만들어버렸어요. 그래서 필리핀은 국제재판소(국제상설중재재판소, PCA)에 중국을 상대로 제소했어요. 그리고 2016년, "남중국해 9단선(nine-dash line)은 중국 영해가 아니다. 그리고 중국의 인공섬 건설 활동도 유엔해양법협약(UNCLOS) 위반이다"라는 판결이 나왔답니다.

그런데 중국은 뭐라고 했을까요?

"그 판결, 우리는 인정 못 해!"

이 판결을 일방적 무효로 주장했답니다. 그리고 더 황당한 일이 벌어졌어요. 그 바다에 인공섬을 군사기지화하고 활주로 및 항공·레이더 시설, 방공장비, 미사일 시스템을 만들기 시작했습니다.

법률전, 세계 질서를 흔들다

남중국해뿐 아니라 대만, 홍콩, 대한민국 문제도 자기 나라 법으로 마구 재단하려 해요. 예를 들어,

- 자기 나라 법으로 대만을 이미 중국 영토라고 정하고 있어요.
- 홍콩과 약속한 자치권을 무시하고 공산당법을 강제로 적용하고 있어요.
- 심지어 대한민국의 사드 배치도 자기 법에 어긋난다며 비난하고 있답니다.

법은 그 나라 안에서만 적용돼야 해요. 다른 나라 법은 존중해줘야 하는 것입니다.

22

보이지 않는 경제 폭격
– 경제제재전(經濟制裁戰)

누군가와 다투었을 때 이런 말 해본 적 있죠?

"이제 너랑 얘기 안해!"

나라들 사이에서도 그런 일이 일어납니다. 바로 경제제재전이죠.

"너랑은 이제 무역도 안 하고, 투자도 안 하고, 돈도 못 보내!" 하면서 상대 나라의 경제 목줄을 죄어서 숨 못 쉬게 만드는 전쟁이랍니다.

경제제재(Economic Sanctions)는 나라 사이의 거래, 투자, 교류를 일부러 끊는 전략이에요.

"우리 말 안 들으면, 너희 나라 물건 안 사줄 거야!"

"너희 나라 기업엔 절대 투자 안 해!"

"너희 나라 연예인은 우리 방송에 못 나와!"

이렇게 되면 상대 나라 기업들은 손해를 보고, 국민들의 생활도 힘들어지겠죠?

비공식 경제제재 – 무서운 현실

경제제재를 겉으로는 티나지 않게 몰래 조용히 강하게 밀어붙여요.

그 대표적인 사건이 바로 대한민국의 사드 배치에 대한 한국기업 퇴출과 한한령 발동, 그리고 관광객 차단이었답니다.

이 모든 것이 공식 발표 없이 우연히 일어난 것처럼 벌어졌어요.

이후 한국 경제가 실제로 얼마나 손실을 봤는지 보겠습니다.

중국의 단체관광 금지 조치로 중국인 관광객이 약 800만 명 감소했습니다. 이로 인해 관광 연관 산업 손실은 약 7조 원 규모로 추정됩니다.

세부적으로 보면 관광 쇼핑 매출이 약 4.93조 원 감소했고, 숙박업은 1.12조 원, 음식점업은 약 8,300억 원 손실이 발생했으며, 면세점 매출은 약 20~30% 감소했습니다. 현대·기아차의 중국 판매량은 2016년 약 114만 대에서 2017년 약 78만 대로 크게 감소했고 이후 판매량은 더 줄어드는 흐름을 보였고, 화장품 산업 역시 중국 소비 감소와 유통 제한 등의 영향으로 약 2조 원 규모의 손실이 발생한 것으로 추정됩니다.

현대경제연구원은 사드 갈등으로 인해 연간 생산이 약 34조 원 감소하고, 부가가치는 약 15.1조 원 줄어들며, 일자리가 약 40만 개 감소할 수 있다고 추정했습니다. 한국은행 경제연구원에서는 전체 경제 손실 규모를 약 100억 달러에서 200억 달러 수준으로 분석했습니다. 이를 현재 가치로 환산하면 약 130억 달러에서 260억 달러 규모이며, 약 20조 원에서 40조 원 수준의 경제적 손실로 볼 수 있답니다.

사드 갈등의 경제적 영향은 관광 산업에서 시작해 면세점, 유통, 자동차, 화장품 산업으로 확산됐고, 일부 연구에서는 거시경제 지표에도 의미 있는 영향을 줄 수 있다고 평가합니다. 특정 국가 의존도가 높은 산업 구조가 외교 갈등 상황에서 돈, 투자, 문화, 관광도 무기가 될 수 있답니다. 이걸 경제폭탄이라고 부릅니다.

<u>23</u>

언론미디어도 전쟁터가 된다?
– 미디어(Media)전

뉴스가 전쟁 무기?

우리가 매일 보는 뉴스와 댓글이 전쟁 무기가 될 수 있다는 것, 알고 있나요? 어떤 나라는 뉴스를 조작하거나 거짓 정보를 퍼뜨려서, 사람들의 생각을 바꾸고, 여론을 움직이는 전략을 써요. 그게 바로 미디어전이랍니다.

미디어전은 뉴스, 방송, 영상, 댓글 등을 통해 사람들의 생각과 감정을 조종하려는 전략입니다.

뉴스에서 거짓을 보도하면?

→ 많은 사람들이 속아서 진실을 모르고 거짓을 당연하게 생각하며 행동하게 됩니다.

댓글을 조작하면?

→ 사람들이 "다들 저렇게 생각하나 보다" 하고 잘못된 의견을 따라가게됩니다.

이렇게 여론을 조종하면 정치, 경제, 외교에까지 영향을 주고 움직일 수 있답니다.

해외에 친중 언론사 만들고 영향력 행사

- CGTN (중국국제방송), 신화통신, 글로벌타임스 같은 언론사를 미국, 유럽, 아시아에 퍼뜨려요.
- 뉴스 기사마다 "중국은 평화롭고 훌륭하다!", "중국을 싫어하는 나라는 나쁘다!"는 식의 친중 메시지를 계속 퍼뜨려요.
- 국내 대형 언론사가 텐센트(중국IT대기업)로부터 약 1,000억 원 규모의 투자를 받기도 했답니다.

이런식으로 중국 자본이 K-콘텐츠 및 대한민국 언론에 영향력을 행사할 수 있습니다.

SNS·포털 댓글도 조작?

- 포털사이트에서도 "사드 반대" 댓글이 갑자기 수천 개씩 등장하기도 했어요.
- 유튜브, 인스타그램에서 중국발 댓글 부대 활동으로 중국을 옹호하는 글로 도배를 하기도 했답니다.

정말 큰 문제는 이런 글들이 진짜 국민의 생각인 것처럼 보인다는 거예요. 마치, 대한민국 국민 여론이 중국을 응원하는 것처럼 보이게 하는거죠.

예를 들어,

"한국의 사드가 문제야!"라는 가짜 뉴스가 퍼지면?

→ 우리 국토 방어무기가 마치 나쁜 것처럼 국민들이 오해하고 반대

할 수 있어요.

"공산주의 국가는 괜찮은 나라야~"라는 뉴스가 많아지면?

→ 숨겨진 나쁜 의도와 국토 침투를 알아채지 못하게 될 수 있답니다.

댓글이 많다고 다 맞는 건 아니고, 뉴스라고 다 진실이 아닐 수 있다는 생각을 가져야 하겠어요. 누가 만들었는지, 왜 그런 내용을 썼는지, 누가 댓글을 다는지 한 번쯤 의심해 봐야 합니다. 세상에서 가장 무서운 전쟁은 진실을 못보게 눈을 가리고 귀를 막는 전쟁이에요. 뉴스를 무기로 삼고, 댓글로 여론을 조작하면 국민들이 거짓을 진실로 믿게 될 수 있습니다.

<u>24</u>

우리 생각까지 지배하려고 한다?
– 이념전(理念戰)

마음속 생각과 가치관을 바꾸는 전쟁도 하고 있어요. 사람의 생각을 바꾸는 조용한 공격, 그게 바로 이념전입니다.

이념(理念)이란 건, 우리가 옳다고 믿는 생각, 가치관, 세상을 보는 눈이에요. 이걸 바꾸면 무슨 일이 일어날까?

"자유가 중요해!"　　　　　→ "공산주의도 괜찮지 않나?"

"자유로운 대한민국이 좋아!" → "공산당이 통제하는 나라도 괜찮을 수 있어~"

"자유민주주의가 최고야!"　→ "나한테 권위를 준다면 권위주의도 나쁘진 않지~"

이렇게 생각이 바뀌면, 총 한 방 안 쐈는데 우리나라 자유민주주의 체제가 흔들릴 수도 있습니다.

공산주의자를 찬양하는 동요제를 우리나라에서 개최한다?

여러분이 꼭 알아야 할, 충격적인 이야기가 있어요. 바로 공산주의

자 동요제 행사랍니다.

1914년, 광주광역시에서 태어난 정율성이란 사람은 어린 시절 중국으로 건너가 공산당에 가입했어요. 그는 인민해방군 군가와 북한 인민군 행진곡을 작곡한 실제 인물이랍니다. 쉽게 말하면, 우리나라를 공격하던 군인들을 응원하는 노래를 만든 사람이죠.

중화인민공화국 국적을 취득한 뒤, 중국 창건 100대 영웅으로 평가받고 있는 사람인데, 우리나라에서 이런 사람을 기리는 어린이 동요제가 개최 되었다고 해요.

더욱 놀라운 사실은 대회에 사용되는 노래 중 일부는 실제로 공산당을 찬양하는 가사도 있다고 합니다.

"랄랄라 우리 조선대원(공산당소년선봉대)들 조국을 사랑하죠~♪"

이 대회는 어린이들에게 공산주의 사상을 주입하려는 의도가 담긴 것 아니냐는 의심과 비판을 받았지요.

게다가 우리나라에 이 공산주의자를 기념하는 공원을 만들 계획도 추진했다고 합니다. 우리나라 국가보훈부가 반대하면서 일단 중단되었으나, 광주광역시는 올해 하반기까지 역사공원 조성사업을 마무리하는 종합 계획을 수립할 계획이라고 밝혔다고 합니다. 공산당 군가를 만든 인물을 대한민국 땅에서 기리는 것, 어떻게 생각하나요?

아이들에게 공산주의 사상을 가르치는 일은 절대로 용납되어서는 안됩니다. 자유를 중요하게 여기던 학생이 "공산주의도 나름 괜찮은데?"라고 생각 할 수도 있고, 우리나라의 역사를 자랑스러워하던 청소년이 "공산당 역사도 괜찮지 않나?"라고 생각하게 될 수도 있기 때문입니다.

나라의 정신, 국민의 마음이 위험하게 바뀌는 게 가장 무서운 일입니다. 이렇게 교육, 문화, 언론 등을 통해 우리들의 생각을 바꾸려는 목적으로 이념전을 이용하고 있는 것 아닐까요?

2부

무기 없이 공격하는 전쟁
– 유사군사전

25

외교도 전쟁이 될 수 있다
- 외교전(外交戰)

외교는 나라와 나라가 사이좋게 지내기 위해 대화하는 것을 말해요. 하지만 외교를 무기로 사용하기도 합니다. 이걸 외교전이라고 불러요. 말 그대로, 외교로 상대 나라를 고립시키고 불편하게 만드는 전략입니다.

대만을 왕따로 만들려는 계략

대만은 자유로운 민주국가랍니다. 대통령도 국민이 직접 뽑고, 자유로운 언론과 공명선거도 있어요. 공산당이 다스리는 나라가 아닙니다.

그런데 공산당이 전 세계에 이렇게 말해요.

"대만이랑 외교 맺지 마, 맺으면 너네랑은 무역도 안 하고, 투자도 안 해!"

실제로 경제력을 무기로 이용해서, 대만과 외교를 맺은 나라들에게 협박을 하죠.

대만과 외교를 끊은 솔로몬 제도

예전엔 솔로몬 제도라는 섬나라가 대만과 외교를 하고 있었어요. 그런데 중국이 미끼로 거액의 투자와 건설 지원을 해주자, 솔로몬 제도는 대만과 외교를 끊었어요.

그 결과, 대만이 외교 관계를 맺은 나라 수가 점점 줄어들고 있어요. 2025년 기준으로 대만과 공식 외교를 맺은 나라는 단 12개국 뿐이에요.

외교전은 외교 관계를 이용해서 상대를 고립시키는 전쟁이에요. 특히 대만, 한국 등을 상대로 돈, 무역, 외교 협박을 통해 영향력을 키우고 있어요. 우리나라가 자유와 주권을 지키려면, 이런 외교 전쟁에도 각별히 주의해야 합니다.

파리기후협약과 녹색어젠다
— 선진국 발목잡고 중국을 자유롭게 하는 시스템

외교전에서 국제 어젠다를 자신들에게 유리하게 만들기위해 거짓 과학을 정치적으로 이용하기도 합니다. 이 문제를 가장 잘 나타내는 어젠다가 바로 녹색사기, 탄소중립 정책이에요. 이 모든 그림의 배경에는 '기후협약'이라는 거대한 틀, 즉 프레임이 있답니다.

이 협약은 선진국들에게는 강력한 탄소 감축 의무 및 분담금을 부과해 경제에 큰 타격을 입히고, 중국은 "개발도상국"으로 분류해 중국이 이산화탄소 배출량이 전세계에서 가장 많은데도 불구하고 분담 의무를 면제해 준답니다.

이 말은 무슨 뜻일까요?

유럽과 미국은 탄소 감축을 위해 막대한 비용을 쓰고, 공장 문을 닫고, 산업 전반에 고통을 겪는 반면 중국은 "우리는 개발도상국이라 감축 의무가 없다"고 하면서 석탄발전과 원자력발전량을 계속 늘리고 있어요.

　결국 파리기후협약 체계가 실질적으로는 중국에 유리하게 설계된 게임판이 되어버린 거예요. 선진국들이 스스로의 발목을 묶는 동안, 중국은 제약 없이 마음대로 하고 있답니다.

　이런 배경 속에서 트럼프 대통령이 2025 유엔 총회 연설에서 "이 녹색 사기극(Green Energy Scam)을 끝내야 한다"고 강하게 말한 건 단순한 정치적 발언이 아닐 수도 있습니다. 기후 어젠다가 "지구를 위한 선의의 약속"이 아니라, 중국이 세계 경제를 지배하기 위한 전략적 무기로 변질됐다고 본 것 아닐까요?

　총회 연설이 있고 3달 후, 미국이 유엔 산하 및 관련 66개 국제기구에서 탈퇴를 선언했습니다. 상당수 언론은 이를 두고 "고립주의적 외교 노선", 혹은 "재정 부담을 줄이기 위한 선택" 정도로 설명합니다. 그러나 이런 해석은 사안의 표면만 훑을 뿐, 본질에는 전혀 닿지 못합니다. 이번 결정은 외교 전술의 변화가 아니라, 현 국제 질서—특히 기후를 중심으로 구축된 글로벌 통제 구조—자체에 대한 근본적 거부 선언이기 때문입니다.

　핵심은 어떤 기구들에서 동시에 빠져나왔느냐입니다. 미국이 탈퇴대상으로 삼은 곳들을 보면 하나의 공통점이 분명하게 드러나는데, 유엔기후변화협약(UNFCCC), IPCC, 재생에너지·탄소중립·녹색금융 관련 기구들 모두 '기후위기-탄소중립'이라는 하나의 이념을 중심으로 연결된 조직들입니다. 다시 말해, 미국은 개별 정책이나 예산 항목에 불만을 표시한 것이 아니라, 거짓 기후 아젠다를 명분으로 한 하나의 거대한 정치·경제 시스템 전체를 문제 삼은 것입니다.

미국의 판단은 "이제 기후 문제는 과학이나 환경의 영역이 아니라, 공포를 만들어 정책을 강제하고 산업과 금융을 재편하는 정치 시스템이 되었다." 그래서 미국은 협상 테이블을 두드리는 대신, 아예 그 테이블에서 일어선 것입니다. 이것은 지구 환경을 포기하겠다는 선언이 아닙니다. 오히려 기후를 팔아 권력을 만드는 구조에서 빠져나오겠다는 정치적 결단에 가깝다고 볼 수 있습니다.

환경을 보호하는 방법은 다양합니다. 기술 혁신도 있고, 적응 전략도 있으며, 효율 개선이라는 현실적인 해법도 있죠. 그러나 탄소중립이 유일한 정답처럼 강요되고 있습니다. 그래서 이는 더 이상 정책이 아니라 이념이 되었다고 미국은 전 세계에 분명한 메시지를 던진 것입니다.

이산화탄소 악마화와 탄소중립
— 거짓 과학을 이용하여 경제성장을 멈추게 하려는 숨은 전략

이산화탄소는 사실 생명에 꼭 필요한 기체랍니다.

식물은 이산화탄소를 마시며 자라고, 우리가 내쉬는 숨에도 들어 있잖아요. 그런데 언제부턴가 이산화탄소가 '나쁜 것', '없애야 할 것'이 되어버렸어요. 그리고 우리 인류가 매년 배출한 이산화탄소량은 대기 중 약 1,000,000분의 1 수준의 극미량 기체로 지구 기온 변화에는 거의 영향을 주지 못해요. 그런데 그런 이산화탄소를 줄이겠다고 막대한 국민 혈세를 낭비하고 기업들을 규제하고 있는거에요. 이건 단순한 과학 이야기가 아닙니다. 정치와 이념이 만든 프레임이지요.

'탄소중립'이란 말, 듣기엔 그럴듯해 보이죠? "지구를 살리자", "환경을 보호하자" 이런 식으로 포장돼 있어요. 그런데 실상은 전혀 다르죠.

결국 "공장을 덜 돌리고, 에너지를 덜 쓰고, 경제발전을 멈추자"라는 말로 이어진답니다.

결국 피해는 누가 보느냐, 바로 우리나라같이 자유경제권 국가들과 경제성장을 이룬 국가들이에요. 기업은 공장을 닫고, 전기요금은 오르고, 일자리는 줄어들어요. 이러면 가장 큰 피해는 우리나라 청년들이 당하게 되겠지요.

중국은 그 틈을 파고들어 이득과 장악력을 노리고 있답니다. 탄소 규제도 느슨하고, 값싼 석탄으로 공장 돌리면서 우리나라나 미국, 유럽이 멈춘 자리를 차지해가고 있어요. 한마디로 말해, 부패한 기후 과학계가 '이산화탄소 악마화'라는 경제 전쟁의 정치적 도구가 된 겁니다.

과학의 이름을 빌린 정치, 환경 보호 뒤에 숨은 선진국 경제 통제, 이게 바로 오늘날 '탄소중립'이라는 말이 가진 진짜 속뜻이에요. EU유럽연합은 탄소 30% 줄이자 4400조원 청구서가 날아왔어요. 그야말로 유럽의 녹색 역설입니다. 전기료는 4배 폭등하고 기업들은 경쟁력을 잃고, AI 데이터 센터 프로젝트는 계속 지연되고 있답니다.

태양광과 풍력의 진실
— 중국은 외국에 팔아서 돈 벌고, 자국은 석탄·원전으로 달린다

요즘 "중국이 친환경 선도국이다", "태양광, 풍력을 엄청 늘린다" 이런 얘기 많이 들으셨죠? 사실은 완전히 반대랍니다. 중국은 태양광 패널이나 풍력 터빈을 자기들이 쓰려고 만드는 게 아닙니다. 거의 수출용이에요.

다른 나라들이 탄소중립을 하겠다고 재생에너지를 설치하면 설치할 수 록, 중국은 그만큼 돈을 더 법니다.

즉, 세계가 '녹색 전환'을 할수록 중국의 '녹색 지갑'이 두둑해지는 구조일 뿐이죠.

그럼 정작 중국 내에서는 어떤 에너지를 쓸까요? 바로 석탄, 석유, 그리고 원자력에너지랍니다. 2024년에만 새로 짓겠다고 승인한 석탄발전소 규모가 전 세계 다른 나라를 전부 합친 것보다 많아요.

왜 그럴까요? 태양광이나 풍력은 날씨에 따라 발전을 멈춰요. 해가 안 뜨면 멈추고, 바람이 안 불면 전기도 끊깁니다. 그런 불안정한 에너지로는 공장을 돌릴 수가 없어요. 그래서 겉으로는 "친환경"을 외치면서 속으로는 "석탄 풀가동, 원전 확장"으로 가는 거예요.

결국 중국은 재생에너지 설비를 팔아서 돈을 벌고, 화석 연료로 경제를 키우는 나라예요. 이건 단순한 위선이 아니라 철저히 계산된 전략입니다. 우리나라는 탄소 규제로 스스로를 묶고, 중국은 그 틈을 이용해 돈을 벌고 힘을 키우는 거죠.

'녹색'이라는 이름이 그럴듯해 보여도, 그 안을 들여다보면 결국 중국이 짜놓은 경제 전쟁의 위장된 각본일 뿐입니다. 환경이 아니라, 권력과 돈의 문제라는 걸 우리는 분명히 알아야겠습니다.

<u>26</u>

인터넷 속 해커 범죄 왕국
– 사이버(Cyber)전

인터넷 없이는 하루도 못 사는 세상이 되었죠? 게임도, 유튜브도, 공부도, 심지어 배달도 다 인터넷 덕분입니다. 그런데 이렇게 편리한 인터넷 세상이, 요즘은 전쟁터가 되기도 해요. 이걸 바로 사이버전이라고 합니다.

- 해킹해서 컴퓨터를 망가뜨리거나
- 몰래 정보를 빼가거나
- 전체 시스템을 멈춰버리는 공격까지

이제는 해커도 무기가 되는 시대랍니다. 단순한 해커가 아니에요. 국가 차원에서 해킹 조직을 운영하고 있지요. "해커들은 다른 나라의 정보, 군사 기밀, 기업 기술까지 몽땅 노립니다." 정부는 아예 군대 안에 사이버 부대를 두고, 다른 나라의 핵심 시스템을 해킹하는 데 집중하고 있답니다.

대한민국도 여러 차례 해킹 공격을 받았어요

- 우리나라 행정안전부, 국방부, 방위사업청 등이 해커에게 공격당한 적이 있고,
- 북한 해커인 척하면서 침투하는 경우도 있었으며,
- 2023년에는 서울시 서버가 마비돼 민원 처리가 모두 멈춘 일도 있었답니다.

미국과 대만도 피해자랍니다

- 해커들이 미국 국방부, CIA, FBI 같은 정보기관까지 노렸고,
- 미국 대선 관련 자료도 공격 당해서 큰 논란이 있었답니다.
- 2022년 펠로시 미국 하원의장이 대만을 방문했을 때, 대만 정부 홈페이지를 해킹해서 마비시켰으며,
- 뉴스사이트까지 공격해서, 대만 국민 여론이 가짜 뉴스에 흔들리도록 만들었어요.

중국 통신장비, 왜 위험할까?

중국 스마트폰, 인터넷 장비 등에 몰래 백도어(backdoor)가 있을 수 있다는 의혹이 나왔답니다.

이 장비를 쓰면, 중국 정부가 마음만 먹으면 언제든 정보에 접근할 수 있기 때문에 미국, 일본, 유럽연합 국가들은 중국 통신장비를 차단하거나 교체하고 있어요. 그런데 우리나라 공공기관과 군부대, 경찰서, 지하철역 등에 설치된 CCTV 가운데 상당수가 국산으로 속여 들어온 중국산이라는 사실이 드러났습니다.

설치 대수는 3만 대 이상으로, LH·경찰청·항만공사·도로공사·전국 79개 지자체는 물론 군부대까지 포함돼 있었습니다. 문제는 일부 중국산 CCTV가 중국 서버와 연결될 수 있는 구조를 갖고 있었다는 점입니다. 이는 우리도 모르는 사이에 국내 보안 정보가 해외로 유출될 가능성을 의미하며, 단순한 장비 문제가 아니라 국가 안보 사안입니다.

이 장비들은 수입 과정에서 'Made in Korea'로 위장하거나, 국산 부품을 일부 섞어 국산 제품처럼 둔갑해 정부 조달 시스템을 통과했어요. 그 결과 심각한 보안 공백이 발생했고, 군이 전방 부대에 설치된 중국산 CCTV 1,300대를 철거했지만, 다른 공공기관과 지자체의 교체는 여전히 지연되고 있습니다. 이미 위험이 확인됐음에도 대응이 늦어지고 있다는 점이 더 큰 문제로 지적됩니다.

지금 우리 사회는 인터넷 속에서도 전쟁이 벌어지고, 그 전쟁에 우리 학교, 병원, 공공기관도 공격에 노출돼 있는 겁니다. 우리가 이 사실을 알고 철저히 대비해야 합니다.

<u>27</u>

정보를 숨기고 빼앗는 싸움
- 정보전(情報戰)

누가 먼저 정보를 얻느냐에 따라 전쟁에서 이기느냐 지느냐가 결정되기도 하죠. 그래서 정보는 무기보다 더 무서운 힘이 될 수 있답니다.

정보전은 상대 나라의 비밀을 훔치고, 자기 나라의 정보는 철통같이 숨기고, 가짜 정보를 퍼뜨려 혼란을 일으키기도 하지요. 단순히 컴퓨터만 해킹하는 게 아니에요. 건물, 장비, 사람, 문화까지 총동원해서 정보전을 벌이고 있답니다.

아프리카 유니언 본부 건물 통신 인프라 사건

아프리카 유니언 본부 건물은 중국이 약 2억 달러를 들여 설계부터 시공, 내부 통신 인프라까지 모두 맡아 지었습니다. 말 그대로 원조 형식으로 제공된 건물이죠.

문제가 된 부분은 공공기관 건물을 다른 나라가 통째로 지어주면, 그 건물의 구조나 통신망, 서버 시스템 같은 핵심 요소에도 자연스럽게 개입할 수 있는 여지가 생기기 때문입니다. 그래서 당시에도 "이런 방식이 중국의 영향력을 확대하기에 너무 유리한 구조 아니냐"는 우려가 꾸준히 나왔지요.

2018년에 프랑스 르몽드가 보도한 내용이 이런 우려를 더 키웠습니다.

아프리카 유니언 서버의 데이터가 매일 밤 중국 상하이로 전송된 흔적이 있었다는 의혹이 제기 되었어요. 건물 내부에서 숨겨진 마이크가 발견됐다는 것도 보도되고, 중국산 통신 시스템에 백도어가 있었던 것 아니냐는 의심까지 제기됐죠.

흥미로운 점은 의혹이 제기된 시점 이후 서버와 네트워크 장비를 전면 교체했다는 사실입니다. 내부적으로는 "뭔가 심각한 문제가 있다고 판단했기 때문에 교체한 것이 아니냐"라고 해석하기도 합니다. 이런 일이 있었음에도 아프리카 유니언은 이후에 중국 화웨이와 IT 협력 MOU를 다시 연장했습니다. 중국이 아프리카 지역에 가지고 있는 막대한 자금력과 인프라 영향력 때문에 쉽게 관계를 끊기 어려운 구조라는 분석이 나오는 이유입니다.

국제사회에서는 이 사건을 중국이 해외 원조 인프라를 이용해 정치적·정보적 영향력을 확대할 수 있다는 위험성을 보여준 대표적 사례로 계속 언급되고 있습니다.

홍콩은 정보전의 실험장

홍콩에서는 "홍콩보안법"이라는 법으로 사람들의 이메일, 전화, 채팅까지 감시할 수 있게 되었습니다. 공산당에 반대하는 발언만 해도, 해외에 접촉했다는 이유만으로도 체포되는 일이 벌어졌어요. 그래서 지금 홍콩 시민들은 말을 아끼고, 심지어 친구에게도 정치 이야기를 꺼내지 않는다고 해요. 정보와 감시가 무서운 무기가 되어버린 것입니다.

- 공무원 이메일 해킹
- 군 기밀 자료 유출
- 기업 기술 정보까지 빼돌려 똑같은 유사 제품을 만들어 파는 경우도 있답니다.

정보는 눈에 보이지 않지만 나라의 안보와 자유를 지키는 데 아주 중요한 자산이에요.

휴대폰 하나로도 정보가 유출될 수 있는 세상이니까, 우리 모두가 정보 보안의 소중함을 꼭 명심해야 합니다.

<u>**28**</u>

사람 마음을 흔드는 전쟁
– 심리전(心理戰)

사람은 무섭거나 혼란스러우면, 마음이 약해지고 가짜 정보도 믿게 되죠. 바로 이런 점을 노리는 전쟁이 심리전입니다.

우한 바이러스 거짓 정보 퍼뜨리기

코로나19가 전 세계로 퍼질 때, 처음 바이러스가 우한에서 발생했다는 사실이 알려졌어요.

그런데 중국은,

"이건 미국이 퍼뜨린 거야!"

"우리는 피해자야!"라는 가짜 뉴스를 퍼뜨리기 시작했어요. 중국 외교부 대변인들이 코로나19의 기원을 미국 생화학 무기 실험실과 연관짓는 음모론적 발언을 공식 석상에서 언급하기도 했고, SNS, 유튜브, 심지어 외국 기자들을 통해 "코로나는 미국 실험실에서 나왔다"는 음모론이 확산되었지요. 결국 일부 사람들은 진짜처럼 믿었고, 세상은 더 혼란에 빠졌답니다. 하지만 이 모든 것은 거짓이었어요.

홍콩 시위 당시의 심리전

AFP와 홍콩 Free Press 등 보도에 따르면, 홍콩 시민들이 자유를 외칠 때, 공산당은 이런 방식으로 대응했다고 합니다.

"자유를 외치는 시위대는 폭도다!" 라는 가짜 뉴스를 계속 퍼뜨리고,

"외국 특정 세력이 폭도를 조종하고 있다"는 음모론을 유포하며 SNS에 거짓 사진과 조작된 영상을 올린 것이지요.

결국 홍콩 밖 사람들과 해외 언론들조차 자유를 외치는 홍콩 시민을 폭도로 오해하게 만들었어요.

이것이 바로 심리전의 무서운 결과랍니다.

우리도 피해를 당하고 있다?

한국에서도 종종 가짜 뉴스나 특정 이념을 퍼뜨리는 심리전이 시도되고 있어요.

- "북한은 평화롭다"
- "중국 경제가 엄청 성장하고 있고 우리나라를 도와준다"

이렇게 사실과 다른 말들이 계속 돌고 있어요. 이런 말에 속으면, 우리나라 체제인 자유민주주의와 완전 반대 체제인 공산주의 체제에 대해 긍정적인 이미지가 생길 위험이 있어요. 그리고 우리나라를 공격하려는 적의 행태를 잘 알아차리기 힘들어 질 수도 있어요. 우리는 진짜와 가짜를 구별할 수 있는 냉철한 눈이 필요합니다.

29

기술로 패권을 쥔다
– 기술전(技術戰)

요즘은 총, 탱크, 비행기 보다 AI, 드론, 반도체 같은 첨단기술이 더 중요한 무기가 되었답니다! 이제는 과학기술을 먼저 가진 나라가 다른 나라를 압도할 수 있어요. 그래서 이걸 최첨단기술전이라고 합니다.

첨단기술로 세계를 지배하려 한다?

중국은 지금 기술 패권을 잡기 위해 총력전을 벌이고 있어요. 반도체, 인공지능(AI), 5G 통신 같은 분야에서 세계 1등이 되려고 엄청난 예산과 인력을 쏟아 붇고 있답니다.

그런데 문제는, 공정한 기술 경쟁이 아니라, 남의 걸 몰래 훔쳐서 따라 한다는 점이에요.

산업 스파이로 기술 훔치기

해외로 유학생과 기업 스파이를 보내서 미국과 유럽, 한국의 최첨단 기술을 훔쳐서 빼 가고 있어요.

- 미국의 AI 연구소 자료가 유출되거나

- 한국의 반도체 회로 설계도가 유출된 일도 있었죠.
- 심지어 군용 드론 기술도 복제한 것으로 알려졌어요.

이건 명백히 불법 복제와 기술 침탈입니다.

10nm DRAM 기술 유출 사건

- 전직 삼성전자 임직원 및 연구진 10명이 중국 반도체 회사인 ChangXin Memory Technologies (CXMT)에 10나노급 DRAM 제조 기술을 유출한 혐의로 한국 검찰에 기소되었어요.
- 이 기술은 삼성전자가 1.6조 원 이상 투입해 개발한 핵심 DRAM 제조 공정인데, 핵심 공정 데이터가 유출되어 CXMT가 이를 기반으로 10nm DRAM 생산에 성공했다는 혐의가 제기됐습니다.
- 검찰은 이 사건으로 삼성전자가 수조 원 수준의 경제적 피해를 입었고, 유출 기술로 인해 중국 반도체 업체가 글로벌 메모리 시장에서 입지를 강화했다고 보고 있답니다.

중국 군사용 드론·AI 활용 동향

- 외신 기술 매체 분석에서 중국 인민해방군 관련 기관들이 미국 NVIDIA GPU 등 제한된 AI 칩을 활용하는 군용 시스템을 개발하고 있다는 조사 보고가 있어요. 이는 미국의 AI 반출 규제를 회피하기 위한 움직임과 기술 유입이 여전히 존재함을 보여 줍니다.
- 미국 연방통신위원회(FCC)가 중국산 드론 및 핵심 부품의 미국 내 판매·수입을 사실상 금지하는 조치를 발표했으며, 이는 국가

안보 우려와 함께 중국 드론 기술의 군사적 정보 유출 가능성 등
을 이유로 들고 있답니다.

기술은 군사 뿐아니라 경제 무기로 쓰기도 한다?

AI, 드론, 반도체 기술은

- 전쟁을 지휘하고
- 무기를 자동으로 조종하고
- 스마트폰, 자동차, 인터넷 산업 등 경제 전반을 움직이는 힘입니다.

그래서 기술 패권이 곧 세계 패권이 되는 거죠. 하지만 다른 나라의
기술을 몰래 훔치거나 베끼는 방식으로 앞서가려 하고 있어요. 이건 공
정한 경쟁이 아니라, 지식과 주권을 침해하는 도둑질일 뿐이죠.

30

밀수도 침공 전략이다?
– 밀수전(密輸戰)

밀수는 도둑들이 하는 거 아닌가요? 맞아요, 그런데 적국이 몰래 무기나 자원을 사고팔면, 그건 단순한 범죄가 아니라 전쟁 전략이 되는 거예요. 이걸 바로 밀수전이라고 합니다.

밀수전은 국제법이나 제재 때문에 금지된 무기, 석탄, 마약 등을 몰래 들여오고 빼내는 비밀 작전을 말해요. 밀수를 통해 내부의 적들은 돈과 권력을 얻고, 적국은 침투하며, 국제사회는 혼란에 빠지게 됩니다.

외국과 북한, 밀수의 그림자

북한은 핵무기 개발과 인권탄압 문제 때문에 유엔으로부터 강력한 경제 제재를 받고 있어요. 즉, 다른 나라랑 석탄, 기름, 무기 같은 전략물자를 거래하면 안 되는 상황이죠. 하지만, 깜깜한 밤에 바다에서 선박을 몰래 붙여서 석탄이나 기름을 몰래 실어 나르는 장면이 위성사진에 찍혔답니다. 그 배들 중에는 중국 깃발을 단 선박도 있었어요.

밀수는 독재 정권을 살리는 비밀 숨구멍

밀수는 단순히 "물건을 몰래 사고 팔았다" 수준이 아니에요. 북한 같은 독재 정권은 이 밀수를 통해 기름을 얻고, 외화를 벌고, 그 돈으로 핵무기, 미사일을 계속 만들 수 있게 된답니다.

즉, 밀수는 규제를 피하는 방법이자 비밀 수단이에요. 그리고 그 밀수통로를 제공하며 북한을 뒤에서 조용히 도와주는 역할을 해온 것이죠. 밀수전은 법을 무시하고 평화를 위협하는 숨겨진 전쟁이기 때문에 우리는 그런 전쟁이 일어나지 않도록, 사실을 정확히 알고 있어야 해요. 진정한 평화는, 숨기는 게 아니라 진실을 드러내는 데서 시작된답니다.

<u>31</u>

마약 한 알이 사회를 붕괴시킨다?
– 마약범죄전(麻藥犯罪戰)

마약은 인체에 해로운 화학물질이죠. 하지만 그게 전쟁이랑 무슨 상관일까?

사실 마약은 사람만 망가뜨리는 게 아니라, 나라 전체를 병들게 만들 수 있답니다. 그래서 어떤 나라는 마약을 무기처럼 이용해서, 적국을 무너뜨리는 전략으로 쓰기도 해요. 그걸 바로 마약범죄전이라고 부른답니다.

마약은 사람만 파괴하는 게 아니에요

- 마약은 한 번 중독되면 쉽게 끊을 수 없고
- 사람의 뇌를 망가뜨리고, 판단력을 흐리게 하며
- 결국 학교, 직장, 가족, 사회까지 전부 무너지게 만들죠.

그래서 마약은 단순한 '범죄'가 아니라, 사회 질서를 붕괴시키는 진짜 악랄한 전쟁 무기인 거예요.

미국, 동남아, 심지어 대한민국에서도 활동하는 마약 범죄조직이 있어요. 이들은 필로폰, 펜타닐, 코카인 같은 마약을 몰래 유통시키고, 돈세탁과 범죄로 사회를 혼란에 빠뜨려요.

마약 조직, 어떻게 움직일까?

마약 조직은 혼자 움직이는 범죄자가 아니라, 정말 정교하고 조직적인 범죄 네트워크입니다.

- 우두머리는 해외에 숨어 있고, 전체 작전을 지시해요.
- 연락책은 여러 나라에 흩어져서, 누구한테 언제 어떤 마약을 보내고 받을지 스케줄을 조정하고
- 화학자들은 마약을 직접 제조하고 가공해서
- 운반책은 가방, 배, 택배, 심지어 사람 몸속에 마약을 숨겨서 운반해요.
- 돈세탁 담당자는 마약 거래로 번 돈을 합법적인 돈처럼 보이게 바꿔치는 작업을 하지요.

이런 식으로 수십 명, 때로는 수백 명이 역할을 나눠서 움직여요. 그리고 인터넷 메신저나 가상화폐를 이용해 거래하면서 경찰에게 들키지 않도록 은밀히 움직입니다.

- 제조팀
- 해외 특히 동남아 국가에서 마약 원료(페인트·의약품 원료 등)를 사용하고
- 몰래 펜타닐, 필로폰, 합성 마약 등을 제조하며

– 이 과정에서 화학전문가 혹은 과학자까지 고용하기도 해요.

■ 운반팀
– 화물차, 배, 드론, 우편물 심지어 사탕이나 음식 포장 안에 숨겨서
– 미국, 유럽, 한국 등으로 마약을 몰래 보내요.
– 인터넷 쇼핑몰을 가장한 웹사이트도 있답니다.

■ 돈세탁팀
– 마약으로 번 돈을 합법적인 것처럼 보이게 숨기는 기술자들도 있
  는데
– 음식점, 마사지숍, 온라인 쇼핑몰 등을 만들어 돈을 합법적인 것
  처럼 포장해서 움직여요. ― 이걸 '돈세탁'이라고 합니다.

■ 온라인 판매팀
– 텔레그램, 인스타그램, 다크웹 같은 인터넷 공간에서 마약을 몰래
  팔고
– 심지어 10대 청소년도 타겟으로 삼고 있답니다.

어떤 마약을 퍼뜨릴까요?

■ 필로폰: 중독성이 매우 강하고 뇌조직과 정신을 망가뜨려요.
■ 펜타닐: 진통제로 쓰이지만, 조금만 잘못 써도 사망할 수 있는 무
  서운 약이에요.
■ 코카인: 뇌를 자극해서 일시적으로 기분 좋게 만들지만, 점점 사

람을 망가뜨려요.

이 마약들은 보통 비밀공장에서 만들어지고, 가방, 책, 식품 포장지, 심지어 사탕 속에 숨겨서 유통되기도 합니다.

미국의 펜타닐 위기 – 중국의 공격?

미국에선 요즘 '펜타닐'이라는 무서운 마약으로 매년 수만 명이 목숨을 잃고 있어요. 그런데 이 펜타닐의 주요 원료가 중국에서 수출된 것이라는 사실, 알고 있었나요?

2023년 4월 미국 재무부 해외자산통제국(OFAC)은 중국에 본사를 둔 기업 2곳과 중국·과테말라 개인 5명을 제재 명단에 올렸답니다.

마약, 어떻게 사회를 망가뜨릴까?

마약이 퍼지면 단순히 사용자 한 명만 무너지는 게 아닙니다.

1. 가정이 붕괴돼요

– 아빠나 엄마가 마약에 중독되면 아이를 제대로 돌볼 수 없고
– 가정폭력, 이혼, 아동 방임등이 더 많이 발생할 수 있어요.

2. 학교와 청소년이 위험해져요

– 요즘 마약은 음료, 젤리, 스티커처럼 생긴 것도 있어서 청소년이 장난처럼 시작했다가 중독되기도 하며
– 중독된 청소년은 수업에 집중하지 못하고, 친구에게 마약을 권하

거나 팔기도합니다.

3. 범죄가 늘어나요

– 마약에 중독된 사람은 돈을 벌기 위해 도둑질이나 강도를 저지르
기도 하고
– 마약 판매 조직은 다른 조직과 싸움을 벌여 폭력 범죄사건이 생
기기도 합니다.

4. 경제도 무너져요

마약 거래로 번 돈은 불법 자금이라 세금도 내지 않고 부동산이나 기업체 등을 사들여 정상적인 시장을 왜곡시킬 뿐아니라, 돈세탁으로 범죄가 계속 확산되게 만듭니다.

우리나라도 더이상 안전지대가 아닙니다

2025년 4월 2일, 강원도 강릉 옥계항에 정박한 외국 화물선에서 약 2톤 규모의 코카인이 대량 적발됐습니다. 적발된 코카인은 약 1조 원 규모로, 이는 국내에서 역대 최대 규모의 마약 밀반입 사례입니다. 관세청과 해양경찰청이 미국 FBI 등의 정보 협조를 받아 배를 수색했고, 기관실 뒤쪽 숨겨진 공간에서 수십 개의 코카인 박스를 발견답니다. 선박은 멕시코를 출발해 에콰도르·파나마·중국 등을 경유해 한국에 들어온 것으로 알려졌습니다. 마약 운반에 정황이 밝혀진 범죄자들이 수사 과정에서 확인되어, 조사 및 체포·구속 절차가 진행되었습니다.

2025년 11월 11일, 제주시 우도 해안 등지에서 중국 우롱차 봉지 형

태로 위장된 마약 의심 물체가 발견 되었어요. 제주지방해양경찰청 등에 따르면 바다환경지킴이가 마약류로 의심되는 물체를 발견해 신고했으며, 이는 최근 제주 해안가에서 발견된 '차(茶) 봉지' 위장 마약류 중 10번째 사례라고 밝혔습니다. 이와 관련해 군·경 합동으로 해안가 일대 수색이 실시되고 있으며, 마약 유입 경로 및 정체를 수사 중입니다. 해안가에서 발견된 포장지는 초록색 우롱차 봉지 형태로, 경찰은 간이 검사 등을 통해 마약류 여부를 확인할 예정이라고 했습니다.

이렇게 밀반입 된 마약 유통업자들이 학교 근처, 유튜브 광고, 심지어 SNS 채팅으로 마약 체험 알바, 다이어트약 위장 판매 등으로 위장해서 유혹해요. 우리는 이런 범죄에 대해 알고 있어야 우리사회와 우리 아이들을 지키는 깨어 있는 시민이 될 수 있지 않을까요?

마약 유통은 단순한 범죄가 아니라, 나라 전체의 미래를 흔드는 심각한 문제랍니다. 밀수를 통해 은밀히 마약의 원료를 퍼뜨리거나, 조직을 통해 몰래 유통시키는 나라는 정말 악랄한 침략 공격을 벌이고 있는 범죄국가라고 강력히 규탄해야 합니다.

<u>32</u>

협박으로 공격하는 전쟁
– 공갈협박전(恐嚇戰)

중국 공산당의 대외 전략을 관통하는 하나의 공통분모가 있어요. 설득이 아니라 위협, 외교가 아니라 압박, 규범이 아니라 공갈입니다. 중국식 전략은 더 이상 이론이나 내부 문건의 영역에 머물지 않아요. 오늘날 국제 외교 현장에서, 그것은 매우 노골적인 형태의 공갈협박전으로 구현되고 있답니다.

최근 서방 세계를 상대로 드러난 두 가지 사례는 이를 극명하게 보여줍니다. 이 두 사건은 서로 다른 지역에서 발생했지만, 동일한 논리와 동일한 방식으로 작동했습니다.

"비자도 주권이 아니다"라는 중국식 논리

중국 정부는 최근 유럽 여러 국가에 대해, 대만 정치인 및 관계자에 대한 비자 발급을 중단하라는 요구를 공식적으로 요구했어요. 이 과정은 단순한 외교적 의견 개진이 아니었습니다. 중국은 외교문서와 고위급 직접 면담을 통해, 해당 내용을 전달했고 요지는 간단했지요.

"대만 인사를 받아들이는 것은 중국의 핵심 이익을 침해하는 행위이며, 이를 계속할 경우 양국 관계에 심각한 손상이 있을 수 있다."

이것이 외교인가, 협박인가.

유럽 국가들은 이에 대해 "비자 발급은 각국의 주권 사항"이라는 원칙적 입장을 밝혔습니다. 지극히 상식적인 대응이죠. 그러나 이 장면에서 우리가 주목해야 할 핵심은 따로 있어요.

중국은 이제 서방 국가의 주권적 결정 영역까지 노골적으로 통제하려 들고 있다는 점입니다.

비자는 단순한 행정 절차가 아니며, 그 국가가 누구를 만나고, 누구와 교류할 것인가에 대한 외교적 선택권입니다. 중국은 이 선택권마저 중국의 승인 대상이 되어야 한다고 주장하고 있는 셈이죠.

일본을 향한 "심각한 간섭"과 "중대한 결과"라는 협박의 언어

두 번째 사례는 더 직접적입니다. 일본 총리가 대만 문제에 대해 원론적 발언을 하자, 중국 외교부는 즉각적으로 반응했답니다. 해당 발언은 "중국 내정에 대한 심각한 간섭"이며, 이를 철회하지 않을 경우 '중대한 결과'가 따를 것이라고 공개적으로 경고했어요. 이 표현은 중국 외교에서 반복적으로 등장하는 상투어인데, 이 말의 실질적 의미는 결코 가볍지 않습니다.

'중대한 결과'란 무엇인가?

외교적 냉각, 경제 보복, 문화·인적 교류 차단, 심지어 군사적 긴장 고조까지 모두 포함될 수 있는 포괄적 위협입니다. 구체적인 내용을 밝히지 않는 대신 상대가 스스로 최악의 시나리오를 상상하도록 상황을 심각하게 만듭니다. 이것이 바로 공갈협박전의 전형적 방식이라고 할 수 있답니다.

일본은 이에 대해 공식 항의와 맞대응을 했지만, 이것은 외교적 의견 충돌이 아닙니다. 국제사회에서 허용되는 표현의 자유와 정책 발언을 힘으로 봉쇄하려는 시도라고 해석 할 수 있습니다.

이 두 사례에는 분명한 공통점이 있어요.

첫째, 항상 '내정'과 '핵심 이익'을 앞세웁니다.

둘째, 요구는 명확하지만 책임은 회피합니다.

셋째, 상대국을 고립시키려 합니다.

"하지 말라"는 요구는 분명하지만, 그 대가가 무엇인지는 애매모호하게 남기는 것입니다. 불확실성이 곧 무기가 되는 것이지요. 개별 국가를 상대로 압박함으로써, 서방 내부의 균열을 유도하고 연대를 약화시키려는 계산이 깔려 있지 않을까요?

'전쟁은 아니지만, 평화도 아니다. 외교는 있지만, 상호 존중은 없다.' 이런 논리라고 볼 수 있지요.

지속적으로 이런 전략을 쓰는 이유

이런 전략을 쓰는 이유는 단순해요. 먹혀왔기 때문이지요.

누군가는 시장을 잃을까 두려워 침묵했고, 누군가는 외교 마찰을 피하기 위해 한 발 물러섰으며, 누군가는 "현실적으로 어쩔 수 없다"며 원칙을 접었습니다.

그 결과 중국은 한 술 더떠, 이제는 요청이 아니라 명령, 설득이 아니라 협박이 된 것입니다. 중국의 공갈협박전은 특정 국가만의 문제가 아니라, 자유 진영 전체의 시험대입니다.

지금 필요한 것은 원칙에 기반한 단호함, 그리고 협박에 굴복하지 않는 일관성입니다.

중국이 두려워하는 것은 비난이 아니라 효과 없는 협박이죠.

공갈이 통하지 않는다는 것을 보여줄 때, 그 전략은 힘을 잃게 되지 않을까요?

3부

무기를 이용한 전통적 방식의 공격
– 군사전

33

핵무기, 지구를 지배할 수 있을까?
– 원자전(原子戰)

핵무기로 무섭게 협박하는 전략을 씁니다. 핵미사일을 남중국해에 배치하거나, 위성 사진에 딱 보이게 '핵무기 훈련 중!' 이라고 표시를 하기도 합니다.

"우린 핵이 있어! 우리와 싸우면 큰일 날 걸?" 하고 은근히 겁을 주는 거죠. 이렇게 실제로 쓰지 않으면서도 심리적으로 압박하는 걸 '핵 위협 원자전'이라고 합니다.

북한 핵 개발, 중국이 도왔을까?

직접 싸우는 것보다 다른 나라를 이용해서 간접적으로 위협하는 전략을 씁니다.

그 대표적인 나라가 바로 북한이에요. 북한이 핵무기를 만들도록 기술·물자·외교적으로 도와줬다는 주장이 있어요. 한국, 미국, 일본을 직접 공격하지 않고 북한을 앞세워 압박하려는 전략이죠.

"우린 아무것도 안 했어~ 근데 너네 북한 조심해야 할 걸?"

이런 식으로 다른 나라를 앞세워 압박하는 걸 '대리 위협'이라고도 해요.

싸우지 않고 이기는 무기: 핵 억지력

핵무기는 실제로 쓰지 않아도 협박 효과가 큰 무기예요. 그 이유는 사람들이 "혹시라도 쓰면 어쩌지?" 하고 크게 무서워하기 때문이지요. 이걸 '억지력(Deterrence)'이라고 불러요.

"우린 공격 안할 게. 근데 우리를 건드리면, 너도 무사하지 못할 걸?" 이게 바로 자주 쓰는 협박 전략이에요.

홍콩은 핵 공격이 아닌 '핵 위협 같은 공포 정치'로 장악

홍콩에서는 중국이 핵무기 대신 무력진압과 감시정책을 썼어요. 말 안 들으면 감옥! 시위하면 체포! 이렇게 해서 시민들을 겁주었죠. 핵은 없지만, 두려움으로 사람들의 입을 막아버린 거예요.

대만은 지금도 위협받고 있어요

대만 주변에 전투기와 미사일을 배치해놓고 군사훈련을 해요. "우린 대만을 침공할 수도 있어!" 라며 겁을 주지만, 사실 핵무기까지 쓰겠다는 건 너무 위험해서 쉽게 행동하지는 못해요.

북한과 중국 사이에서 긴장하고 있는 대한민국

우리나라는 미국과 함께 핵우산(핵공격으로부터 보호받는 지역) 안에 있긴 해도 중국과 북한의 위협에 늘 대비해야 하는 위치에 있어요. 그래서 전쟁을 막으려면 자유진영 우방 특히 미국과 강한 동맹을 맺어 전쟁

억지력이 꼭 확보 되어야합니다.

우리 국군이 힘이 약해서가 아닙니다. 만약 총과 미사일 전쟁이 발생하면 우리나라와 북한 중 잃을 게 누가 더 많을까요? 경제 발전과 규모가 북한보다 수십 배는 더 큰 우리 대한민국이 더 잃을 게 많아요. 그래서 애초에 북한이나 중국이 전쟁을 엄두도 못내게 하기 위해서는, 우리 국군도 충분히 강력하지만 미군과의 동맹이 필요한 것입니다.

세상에서 가장 무서운 무기는 꼭 그 무기를 써서 무서운 게 아니라, 그걸 갖고 있다는 것만으로도 무섭게 만들 수 있다는 게 위협적인 거예요. 우리는 이런 핵 억지력 전략을 잘 이해하고, 우리나라가 다른 나라에 겁먹지 않고 당당하게 평화를 지켜갈 수 있는 방법을 늘 고민해야 할 것입니다.

34

전투기와 탱크 아직도 쓴다?
– 재래전(在來戰)

전쟁하면 어떤 장면이 떠오르나요?

탱크가 굴러가고, 전투기가 하늘을 날고, 군인들이 땅바닥을 뛰어다니며 총을 쏘는 모습?

맞아요, 이런 걸 바로 재래전이라고 합니다. 아주 오래 전부터 나라와 나라가 싸울 때 쓰던 전통적인 재래 전쟁방식입니다.

옛날 전쟁 vs 요즘 전쟁, 뭐가 다를까요?

옛날 전쟁은 주로 땅, 바다, 하늘에서 무기와 무력으로 싸웠어요. 지금은 컴퓨터, 드론, 해킹 같은 새로운 전쟁도 생겼지만, 여전히 탱크, 전투기, 군함도 쓰이고 있답니다. 특히 중국은 아직도 옛날식 전쟁 방식, 전통전을 아주 중요하게 여긴답니다.

군사력이 강하다는 것을 과시하려고 무기를 계속 만들고 있고, 특히 남중국해에는 바다에 인공섬을 만들거나 구조물을 만들어 거기에 군사 기지를 짓고 있답니다.

인공섬 위엔 뭐가 있을까요?

- 전투기 활주로
- 군함 정박장
- 미사일 발사대까지

재래전을 항시 준비하고 있는것 아닐까요?

"지금은 싸우지 않지만, 준비는 돼 있어!"

실제로 전쟁을 벌이지 않지만, 전쟁 연습을 자주 하고 있어요. 이걸 무력시위(武力示威)라고 해요. 전투기를 날리고, 군함을 바다에 보내고, 탱크도 움직이고, 그걸 다른 나라들이 보게 하면서 이런 위협적 말을 합니다.

"지금은 안 싸워. 하지만, 싸우게 되면 우린 준비돼 있어!"

여러분, 전쟁이 멀리 있는 이야기처럼 느껴질 수도 있지만, 바다, 하늘, 땅에서 벌어지는 무력 시위는 지금 이 순간에도 계속되고 있어요. 우리는 평화를 원하지만, 평화를 지키기 위해선 힘이 필요하다는 사실을 절대 잊으면 안 됩니다.

35

바이러스로 상대국을 공격한다?
– 생화학전(生化學戰)

감기나 독감에 걸려서 기침하고 열나고 콧물나고 아파서 힘들었던 경험있죠?. 그런데 누군가 의도적으로 이런 바이러스나 세균을 퍼뜨려서 사람들을 아프게 만든다면 어떻게 될까?

이런 전쟁을 "생화학전"이라고 해요. 생물(바이러스, 세균) + 화학물질을 이용해서 사람들을 아프게 하고 사회를 엉망으로 만들 수 있는 아주 위험한 침투방식입니다.

코로나19, 단순한 전염 바이러스일까?

2019년 겨울, 중국 우한 발 바이러스로 사람들이 하나 둘씩 아프더니, 곧 전 세계로 퍼졌어요.

이게 바로 우리가 잘 아는 코로나19(COVID-19)였지요. 마스크, 거리두기, 온라인 수업, 우리의 일상은 완전히 달라졌었죠.

실제로 우한에는 바이러스를 연구하는 생물학 실험실이 있었답니다.

그런데 문제가 발생한 초기에는

■ 바이러스 발생 사실을 숨기고

- 세계보건기구(WHO)에 뒤늦게 알리고,
- 정보를 제대로 공개하지 않았어요.

그래서 전 세계는 더더욱 의심하게 된 거죠.
"일부러 숨긴 거 아냐?"
"혹시 생화학 무기를 목적으로 만든 거 아냐?"

생화학 무기, 왜 무서울까?

생화학 무기는 눈에 보이지 않아요. 총처럼 '펑!' 하고 터지지도 않고요. 그런데 사람을 조용히, 무섭게, 아프게 만들 수 있어요. 이 무기가 무서운 이유는

1. 누가 퍼뜨렸는지 알기 어려워요. → "자연일까? 공격일까?" 헷갈리게 만들기 때문이에요.
2. 전쟁이 안 났는데도 나라가 혼란스러워져요. → 병원에 사람이 넘치고, 경제도 멈춰요.
3. 사람들 사이에 불신이 생겨요. → "저 사람이 나한테 바이러스 옮긴 거 아니야?"

바이러스는 총이나 마약보다 은밀하고 조용하게, 우리 사회를 무너뜨릴 수 있는 보이지 않는 무기랍니다.

홍콩 시민 통제 강화

중국은 코로나가 퍼졌을 때, 홍콩 시민들을 엄격히 통제했어요.

- QR코드로 위치 추적
- 마스크 강제
- 집회 금지

이걸 핑계로 시민의 자유를 억눌렀다는 비판이 있었답니다.

대만은 중국을 재빠르게 차단

대만은 초기에 중국에서 오는 비행기를 막고, 빠르게 검사를 했어요. 그래서 감염자 수를 낮게 유지했죠.

하지만 우리나라는 공항 통제도 늦고 마스크 사기가 어려웠던 시기도 있었으며, 백신 접종으로 우리 세금이 엄청나게 사용되었어요. 게다가 백신 종류와 순서 문제로 국민 사이에 갈등이 생기기도 했어요. 정보 공개 투명성과 정확한 대응이 얼마나 중요한지 모두 깨달았죠. 눈에 보이지 않는 바이러스가, 나라를 뒤흔들 수 있는 무기가 될 수 있다는 명백한 사례입니다.

그래서 우리는 정보를 정확히 알리고, 감추지 않고, 빠르게 대응하는 나라가 강한 나라라는 걸 꼭 기억해야 합니다.

36

생태환경도 무기가 될 수 있다?
– 생태환경전(生態環境戰)

혹시 이런 상상을 해 본 적 있나요?

강물이 마르기 시작하고,

밭에서 작물이 자라지 않고,

공기까지 탁해진다면?

이런 일이 자연재해가 아니라, 누군가의 '계획된 공격'이라면 어떨까요? 그게 바로 "생태환경전"이에요.

물을 끊으면 나라가 흔들린다

물은 생명이고, 물 관리 능력은 국력이에요.

메콩강은 중국에서 시작해서 베트남, 태국, 라오스, 캄보디아, 미얀마까지 흘러가요. 그런데 중국이 메콩강 상류에 엄청난 규모의 댐을 만들어 놓았어요.

그리고 이렇게 말해요,

"우리가 물 흐름을 잠깐만 줄일 게"

그러면 어떻게 될까요?

강 하류 아래 나라들에 물 공급이 안되겠지요. 그러면 농사를 망치고, 물고기가 줄고, 전기도 부족해집니다.

이건 단순히 '물관리'가 아니라, '물폭탄이 되어 공격하는 무기'처럼 악용될 수 있답니다.

일부지역 날씨도 조작할 수 있다고?

일부지역에 한해서 하늘에서 내리는 비도 조작이 가능하다고 해요. 바로 '인공강우' 기술이에요.

비행기를 띄워서 구름에 화학물질을 뿌리면 인위적으로 비가 오거나, 구름이 없어지게 할 수 있어요. 실제로 2008년 베이징 올림픽 전에 비 오는 날씨를 피하려고 실험을 했답니다.

이런 기술이 군사적으로 악용되면 어떻게 될까요?

- 일부러 다른 나라에 폭우를 내리게 해서 피해를 주고
- 일부러 비를 막아 가뭄을 만들 수도 있어요.

이제는 특정 지역을 이런 방법으로 공격할 수 있는 시대가 된 것입니다.

'기후위기와 탄소중립'은 정치 쇼일까?

요즘 뉴스에서 "기후위기! 지구가 망해요!"라는 말을 자주 듣죠? 하지만 과학자들 중엔 이런 의문을 가진 분들도 많아요,

"기후는 원래 주기적으로 변화하고 있었는데, 왜 갑자기 이산화탄소 때문에 지구가 위기라 하는가?"

중국은 '기후위기와 탄소중립'이라는 명분을 앞세워 자국의 환경 파괴에 대한 책임을 회피하고, 다른 나라들에게는 "석탄 그만 써!"라고 압박해요. 그리고 동시에 전기차·태양광 사업으로 돈을 벌어들이고 있어요. 그러고서는 정작 자신들은 화력발전소와 원자력발전소 규모를 몇 배는 더 키워서 전력을 생산하고 있답니다. 신규 화력발전소는 전세계 발전소 중 83%, 원자력발전소는 50%가 중국 본토에 증축되고 있다는 사실 놀랍지 않나요?

결국 기후 과학에 대한 거짓 정보를 선전·선동 무기로 만들어 자신의 이익과 지배력을 키우는 것입니다.

물 한 방울, 비 한 줄기, 바람 한 점도 무기처럼 이용 될 수 있어요.

겉으로는 "우린 환경을 보호해요~"라고 말하지만, 속으로는 물길을 조작하고, 기후 과학을 볼모로 무기처럼 다루며, 다른 나라들을 서서히 붕괴시키고 있답니다. 진짜 환경 보호는 과학을 제대로 이해하고 진실을 바르게 확인하는 것에서부터 시작되는 것입니다.

37

우주에서는 어떻게 싸울까?
– 우주전(宇宙戰)

밤하늘을 올려다보면 반짝이는 별들이 가득하죠? 그런데 그 중에는 진짜 별이 아닌 것도 있다는 거, 알고 있었나요? 현대의 모든 전쟁은 인공위성에 의존한답니다.

- 적의 위치 파악
- 군사 작전 통신
- 미사일 유도 시스템
- 실시간 감시와 정찰

쉽게 말해서 위성은 전쟁에서 '눈', '귀', '뇌' 역할을 해요. 하지만 이 귀중한 인공위성이 전쟁 무기로 이용될 수도 있다면? 그게 바로 "우주전"입니다.

누가 먼저 위성을 잡느냐가 전쟁의 승패를 좌우할 수 있답니다.

중국이 진짜로 위성을 파괴했다?

2007년, 중국은 위성 하나를 미사일로 쏴서 부숴버리는 실험을 했어요.

빵! 하고 위성이 산산조각 났죠. 이건 단순한 실험이 아니라 위협 메시지였어요.

"우린 위성도 부숴버릴 수 있어! 우주도 우리가 통제할 수 있어!"

위성이 없으면 어떤 일이 벌어질까?

- 탱크가 어디로 가야 할지 몰라요
- 전투기가 적 위치를 못 찾아요
- 미사일이 엉뚱한 방향으로 날아가요
- 군사 명령이 전달되지 않아요

이렇게 되면 전쟁을 제대로 할 수가 없습니다. 그래서 위성을 부수면 상대 나라의 눈을 가리고, 귀를 막고, 머리를 멈추게 하는 거나 마찬가지가 됩니다.

중국은 지금 달 탐사선, 우주 정거장, 로봇 탐사기까지 만들어서 지구 밖 공간에서도 1등을 하려고 하고 있어요. 왜 그럴까요?

앞으로는 우주를 차지한 나라가 지구의 정보와 에너지, 군사력까지 모두 통제할 수 있기 때문입니다. 우주에서도 '중국몽'을 실현하려는 전략을 쓰고 있어요. 그래서 한국·미국·일본도 힘을 모아 우주 안보 전략을 세우고 있답니다.

우주에서 정보도, 통신도, 하늘길도 통제하려고 해요. 이건 단순한 기술 경쟁이 아니라 지구 전체를 지배하려는 전략일 수 있어요.

<u>38</u>

통신 전자파로 어떻게 공격할까?
– 전자전(電子戰)

혹시 인터넷이 갑자기 끊기거나, 스마트폰이 멈추면 어떨 것 같나요?

아무 일도 할 수 없고, 세상이 멈춘 것처럼 느껴지지 않을까요?

그런데 이런 "멈춤"이 전쟁 무기로 쓰일 수 있다면 어떨까요? 총도 없고, 폭탄도 없는데, 모든 게 꺼져버리는 무서운 공격이 있답니다. 그게 바로 "전자전" 즉, 전자파 전쟁입니다.

정말 전자파가 무기라고?

전자파는 눈에 보이지 않는 에너지의 파동이에요. 우리 주변에 항상 떠다니고 있어요.

와이파이, 휴대전화, TV 방송 등이 모두 전자파 덕분에 작동하지요.

그런데 이 전자파를 악랄한 방식으로 조작하면

- 통신이 끊기고
- 컴퓨터가 멈추고
- 전력이 끊어져요.

이런 공격을 전자전, 즉 전자파 전쟁이라고 부른답니다. 그리고 그 중심에는 무시무시한 E.M.P. 무기가 있답니다.

EMP 전자기 펄스 폭탄

EMP는 Electro Magnetic Pulse, 즉 전자기 펄스라고 해요. EMP 폭탄이 한 번 터지면, 전파처럼 퍼져 나가면서 모든 전자기기를 마비시켜요!

- 핸드폰? 꺼짐!
- 인터넷? 끊김!
- 비행기? 착륙 못함!
- 군사 레이더? 먹통!

총소리도 없고, 눈에 보이지도 않지만, 모든 것을 멈춰버리는 무서운 무기랍니다.

전자전 부대까지 있다?

중국은 이 전자파 전쟁을 아주 진지하게 준비하고 있어요. "전자전 부대"라는 특별한 군대를 만들어서

- 적국의 레이더
- 통신 시스템
- 인공위성까지 마비시키는 훈련을 하고 있답니다.

심지어 EMP 무기를 실험하면서 "언제든 너희 나라 시스템 다 꺼버릴 수 있어"라고 위협을 하고 있어요.

밖으로는 '평화'를 말하면서도 속으로는 모든 걸 멈춰버릴 준비를 하고 있는건 아닐까요?

우리나라도 전자전에 대비해야 합니다

우리나라처럼 기술이 발달한 나라는 전자파 공격에 더 취약해요.

컴퓨터와 통신에 의존하는 만큼 EMP 공격, 한 번이면 큰 피해를 볼 수 있습니다.

그래서 우리도

- 전자전 방어 시스템
- 긴급 수동 시스템
- 통신 백업망을 준비해야 합니다.

눈에 보이지 않는 공격에 맞서기 위해선, 보이지 않는 방어도 튼튼해야겠죠?

총 대신 전파가 무기가 되고, 폭탄 대신 EMP가 사용돼요.

이 보이지 않는 무기를 침략 전략의 핵심 도구로 쓰고 있어요.

39

유령처럼 숨어서 싸우는 전술
– 게릴라(Querrilla)전

혹시 유령처럼 갑자기 나타났다가 사라지는 사람들을 상상해 본 적 있나요? 전쟁에서도 그런 식으로 싸우는 전술이 있답니다. 정면으로 탱크나 전투기를 동원해서 싸우는 게 아니라, 몰래 숨어 있다가 약한 곳을 콕! 하고 공격하고 도망치는 전투 방식입니다.

이런 전투를 바로 게릴라전이라고 해요. 게릴라전은 소규모의 전투 조직이 산속, 도시, 시장, 골목처럼 예상 못 한 장소에서 기습 공격을 하는 방식이에요. 정식 군복도 없고, 전투 선언도 없이 순간 공격하고 는 순식간에 사라져버리는 전쟁이죠. 그래서 "유령 전쟁"이라고도 부른 답니다.

게릴라전은 왜 무서울까요?

게릴라전은 정규군처럼 눈에 보이지 않아요.

- 일반인처럼 옷을 입고 있다가 공격할 수도 있고
- 시장이나 골목에서 갑자기 무기를 꺼낼 수도 있어요.

이런 전투는 어디서 공격할지 예측하기 힘들고, 일반 시민들도 위험에 빠질 수 있어서 아주 위험하고 무서운 전쟁 방식입니다.

공산당의 "유격전술"

1930~40년대, 공산당은 정규군이 없던 시절, 산속과 시골 마을에서 게릴라 부대를 만들어 싸웠어요. 이때 독재자는 이렇게 말을 했어요.

"우리는 물고기처럼 민중 속에서 움직이고 공격한다."

즉, 일반 사람들 속에 숨어서 움직이며 공격하는 게릴라 전술을 썼던 것입니다. 공산당은 지금도 이 게릴라전 전략을 정치적으로 사용하고 있어요.

사례 1. 미얀마 국경 무장 단체 지원

- 미얀마는 중국과 국경을 맞댄 나라입니다.
- 미얀마에 있는 소수 민족 무장 단체를 은밀히 지원해서, 미얀마 중앙정부를 공격하게 만들고 있어요.
- 이건 마치 "남의 나라 안에서 싸움을 일으켜 놓고, 겉으로는 모른 척하는" 전략입니다.

사례 2. 티베트 독립운동 분열 유도

- 티베트는 중국에 속해 있지만, 자기 나라를 되찾아 독립하고 싶어하는 사람들이 많아요.
- 중국은 이 사람들의 독립운동이 확대되지 않도록 내부에서 분열을 일으켜요.

■ 이렇게 하면 티베트 내부에서 서로 싸우게 되고, 결국 저항하지 못하게 되죠.

게릴라전, 우리도 당한 적 있을까?

그렇습니다. 6.25한국전쟁 당시에도 북한군과 중공군은 후방에 숨어 들어 민간인 복장을 하고 우리 국민들 속에 들어와서 기습 공격을 하거나 철도·식량을 파괴했어요. 이게 바로 게릴라전의 전형적인 모습입니다. 그래서 우리나라도 지금은 게릴라전에 대비하는 군사훈련을 꾸준히 하고 있답니다.

전쟁은 항상 정면에서 싸우는 것만 있는 게 아니에요. 게릴라전처럼, 몰래 숨어서 약한 곳을 찌르고 도망치는 전술도 정말 무섭고 위험한 전략입니다. 그리고 이런 전술을 정말 오래전부터 사용해왔답니다.

40

테러도 침공을 위한 전술이다
– 테러(Terror)전

갑자기 공항에서 비행기가 추락하거나, 사람을 태운 배가 물속에 잠 긴다거나, 사람 많은 골목에서 사람들이 다치거나 놀라는 일이 생긴다 면, 그건 단순한 사고가 아니라, 누군가 일부러 공포를 퍼뜨린 공격일 수 있답니다. 이렇게 무고한 시민을 공격해서 겁을 주는 행동이 바로 '테러(Terror)' 공격입니다.

그런데 더 무서운 건, 이걸 정치적인 협박이나 군사 전략으로 쓴다 는 겁니다. 그때는 '테러전', 즉 공포를 무기로 한 전쟁이 되는 거지요.

테러범은 이렇게 말해요:

"우릴 도와주지 않으면 너희를 다치게 공격할 거야!"

공포로 하여금 말을 듣게 하려는 전술, 이게 바로 테러전이고, 이건 진짜 총을 쏘는 전쟁보다도 사람들 마음속에 더 큰 혼란과 두려움을 주기도 합니다. 폭탄을 직접 던지거나 테러범을 보내는 일은 거의 없어 요. 금방 들키기 때문이에요. 대신, 간접적인 방식으로 테러와 비슷한 전략을 쓰고 있답니다.

사이버 테러 – 온라인 상에서 보이지 않는 공격!

다른 나라의 정부, 언론사, 금융기관 같은 곳에 해커를 보내서 컴퓨터 시스템을 마비시키는 공격을 합니다.

예를 들어:

- 정부 홈페이지가 먹통이 되고
- 뉴스가 조작되거나
- 사람들의 개인 정보가 새어 나가는 거예요!

이건 인터넷 속에서 벌어지는 테러전이에요. 보이지 않아도, 모두를 불안하게 만들죠.

해외 무장조직 몰래 지원

때때로 다른 나라의 무장 단체를 몰래 도와주기도 하죠. 실제로 파키스탄과 인도 사이의 국경에 있는 무장 세력을 지원하고 있다는 주장도 있답니다.

이 단체들은 가끔 폭발을 일으키거나 군인과 시민들을 공격해서 지역 전체를 혼란스럽게 만들어요.

이런 테러전이 왜 무서운걸까요?

1. 누가 했는지 알기 힘들어요. → 조직도 숨어 있고, 증거도 거의 없어요.

2. 언제, 어디서 일어날지 몰라요. → 전쟁터가 아닌 곳에서도 생길 수 있어요.

3. 사람들 마음속에 큰 공포를 남겨요. → 나라 전체가 위축되고 불
   안감을 조성하지요.

진짜 전쟁보다 더 무서운 전쟁이 바로 공포를 무기로 삼는 테러전입
니다. 총도 없이, 사람들 마음속을 흔들고, 사회 전체를 불안하게 만드
는 전술은 눈에 잘 보이지 않지만 정말 위험하답니다.

[총정리] 중국몽의 침략을 위한 초한전 24전법, 이젠 확실히 알았다!

구분	전법명	핵심 요약 한 줄 설명
비군사전	금융전	디지털화폐, 돈, 환율, 금융시장으로 적국을 흔드는 전쟁
	무역전	수출입 차단으로 경제 타격을 가하는 전략
	자원전	희귀 자원 공급을 조절해 상대를 압박하는 전략
	원조전	도움을 빌미로 영향력을 확대하는 전략
	법률전	법을 자기 입맛대로 해석하고 무기화하는 전략
	경제제재전	경제 거래를 끊어 숨통을 조이는 전략
	미디어전	언론 · 뉴스로 여론을 조종하는 전략
	이념전	교육 · 사상을 바꿔 내부부터 잠식하는 전략
유사군사전	외교전	외교 관계와 정보를 조작해 고립시키는 전략
	사이버전	인터넷 해킹과 시스템 공격을 통한 디지털 전쟁
	정보전	비밀 정보 빼내고 데이터를 왜곡하는 전술
	심리전	거짓말 · 공포 · 혼란으로 마음을 흔드는 전쟁
	기술전	AI · 드론 · 반도체 기술 패권 싸움
	밀수전	몰래 물건을 주고받으며 제재를 피하는 전략
	마약범죄전	마약 유통으로 사회와 제도 붕괴 유도
	공갈협박전	경제 · 외교적 협박으로 의도 강요하는 전략
군사전	원자전	핵무기로 겁을 줘 싸움 없이 압박하는 전략
	재래전	탱크 · 전투기 같은 무기를 사용하는 재래식 무력전
	생화학전	바이러스 · 화학무기로 사회 혼란을 일으키는 전쟁
	생태환경전	물 · 환경을 무기화해 적국에 피해를 주는 전략
	우주전	위성과 우주무기를 이용한 하늘 위 전쟁
	전자전	전자파로 통신 · 전기를 마비시키는 무형의 전투
	게릴라전	비정규군이 숨어서 공격하는 유격전
	테러전	공포로 사회를 무너뜨리는 테러 공격 전략

외국인들이
우리 혈세로,
혜택을
이렇게나
많이?

외국인들이 우리 혈세로,
혜택을 이렇게나 많이?

41

우리가 살 집
주인이 외국인이다?

가족이랑 거주할 집을 사고 싶다고 상상해보세요.

그런데 나라에서 이렇게 말한다면 어떨 것 같나요?

"당신은 대한민국 국민이니까 집 살 때 대출을 절반만 받을 수 있습니다!

하지만 외국인은 전액 대출 가능합니다~"

말이 되나요?

이게 바로 지금 우리나라에서 실제로 일어나고 있는 일이랍니다.

우리나라 국민은 규제로 조이고, 외국인은 풀어줘요!

우리나라 사람들은 집을 살 때 정부 규제를 받아요. (2025년 12월 기준)

■ 규제 종류는 이렇게 있어요:

이름	의미	내용
LTV	담보가치비율	집값의 40~70%까지만 대출 가능
DTI	소득대비 부채비율	연봉에 따라 대출 한도 제한
DSR	총부채 상환비율	모든 대출 합쳐서 연소득의 40% 초과 금지

예를 들면, 10억짜리 집을 사려고 할 때, 담보가치비율(LTV) 기준으로 내 연봉이 적으면 4억만 빌릴 수 있어요! 나머지는 내 돈 6억이 있어야 집을 살 수 있어요. 그런데 외국인은?

LTV 제약 없음 → 100% 전액 대출 가능!

DTI 제약 없음 → 소득 따지지 않음!

DSR 제약 없음 → 빚이 얼마 있든 상관없음!

외국인은 완전 무제한으로 대출 받아 매입할 수 있는데, 특히 중국인 같은 경우는 중국 국영은행에서 대출을 받을 수 있답니다.

> 중국인 대출 → 중국 국영은행 → 대출 미상환 시 중국 국영은행이 담보 회수 → 우리나라 부동산의 중국 정부 소유화 → 향후 외국인 토지 소유 재산 등 정책 실행에 큰 장애 요소 리스크

실화! 타워팰리스 89억짜리 집을 30대 외국인이 샀다?

2021년 3월, 서울 도곡동 타워팰리스 복층 펜트하우스 무려 89억원짜리 아파트를 33세 중국 국적 외국인이 샀어요. 정말 놀라운 건, 자금조달계획서에 "전액 대출"이라고 적혀 있었는데, 등기부등본엔 근저당도 없었어요 → 즉, 국내 은행 대출이 아니었어요.

정리하면 이렇게 돼요,

- 외국인은 외국 금융기관에서 돈을 빌려서
- 대한민국 규제를 피하고
- 89억짜리 초고가 집을 본인 자본 없이도 쉽게 살 수 있어요.

그런데 대한민국 청년들은요?

"DSR이 넘어서 대출 안 됩니다."

"6억 넘으면 대출 불가입니다."

"부모님한테 증여 받으면 증여세 내세요."

우리나라 땅에서 왜 외국인들은 규제 없이 마음껏 집을 살 수 있고, 우리나라 청년들은 안되는 걸까요? 누가 이런 공정하지 못한 정책을 만든 걸까요?

제도적으로 왜 이런 일이 생길까요?

이유는 간단해요. 우리나라의 LTV, DTI, DSR 같은 규제는 "국내 은행"에만 적용되기 때문이죠.

외국인은 이 규제를 어떻게 피해갈까요?

- 외국 은행에서 돈을 빌리면 국내 규제를 받지 않아요.
- 대한민국에 지점이 없는 외국 금융기관이면, 정부는 감시도, 규제도 못해요.

우리국민은 10억짜리 집도 대출이 힘든데,

외국인은 89억짜리 집을 전액 대출로 살 수 있는 거예요.

당연히 해외 은행에서 대출받아서 국내 집을 사려는 외국인에게 오히려 더 강한 규제 기준을 만들어야 하는 것 아닐까요?

숫자로 보는 현실: 외국인은 어디서 얼마나?

2024년 기준, 외국인이 가진 주택은 9만 5,058호. 그중 중국인이 5만

2,798호(55.5%)나 됩니다. (국토교통부)

- 대부분 수도권 (서울·인천·경기)에 집중
- 부동산 가격 오르는 지역 위주
- 자금 출처 불분명한 경우도 많음

그리고 대부분 투기 목적이 의심돼요. 자기 나라 사람 아닌데, 왜 집을 그렇게 많이 사는 걸까요?

"외국인 투자"라는 핑계, 정말 괜찮을까요?

정부는 이렇게 말해요.

"외국인의 부동산 투자는 경제에 도움됩니다~"

그런데 현실은 어떨까요?

- 집값 폭등의 원인이 되고
- 내국인 주거 불안정을 초래하고
- 불공정한 제도가 계속되고 있어요.

게다가 중국 자본은 자금 흐름도 불투명하고, 돈세탁, 범죄자금 세탁, 부동산 가격 조작 등의 위험성도 크다고 전문가들은 경고하고 있답니다.

42

우리 국토가 외국 자본에
침식당하고 있다

혹시 제주도에 가본 적 있으신가요? 바닷바람이 시원하고, 한라산도 멋지고, 귤도 맛있죠!

그런데 요즘 제주도에 이상한 변화가 생기고 있어요. 단순히 관광객이 늘어난 정도가 아니라, 외국 사람들이 제주도 땅을 엄청나게 많이 사들이고 있다는 사실, 알고 계셨나요?

제주도 땅, 누가 얼마나 가지고 있을까?

항목	면적 (㎡)	제주 전체에서 차지하는 비율
제주도 전체 면적	1,850,228,389	100%
도시지역 (제주시+서귀포 일부)	120,765,845	약 6.5%
상업지역 (가게, 리조트 등)	6,700,000	약 0.36%
중국인 소유 토지	9,818,908	약 0.53%

국토교통부 2024년 말 기준 제주도 내 중국인 소유 토지 면적은 981만 제곱미터로 추정되며 약 300만평에 해당합니다. 중요한 점은 중국인이 가지고 있는 땅 면적이 제주도 상업지역 면적의 약 1.5배나 된다는

거예요. 제주도 상업지역 면적보다 더 큰 면적을 이미 다 사들였다는 사실입니다.

왜 이렇게 제주도에 외국인 소유 땅이 많아졌을까요?

그 이유는 바로 "투자이민제도" 때문이에요. 이게 무슨 제도냐면요,

- 2023년 5월까지는 5억원 이었고, 지금은 10억 원 이상 땅을 사서 5년간 가지고 있으면, 대한민국 영주권을 줍니다.
- 이 제도 때문에 외국인들이 고급 리조트, 별장형 콘도 등을 대거 사들인 거예요.
- 2010년 약 5만 제곱미터에서 2013년 약 300만 제곱미터로 3년 사이에 중국인의 제주도 소유 토지가 60배 늘었다는 통계도 있답니다! (한국건설산업연구원 2014)

이런 제도는 선한 투자자만 활용한다면 크게 문제 될 일이 없을 수 있지만, 공산당과 연결된 자금이 들어온다면? → 그것은 투자가 아니라, 다른 목적이 있을 수 있다고 의심해야 합니다.

자연은 파괴되고, 우리나라 주민은 외국인에게 밀려나요

- 무분별한 개발로 제주도 자연이 파괴되고, 선사시대 동굴 같은 유적지도 사라질 뻔했어요.
- 리조트가 들어서면서 주민들은 땅을 팔지 않으면 소송에 휘말리고, 임대료도 폭등했어요.

이제는 제주도민이 자신들의 땅에서 살기 힘든 지경이 된 것입니다.

중국 사람들이 우리나라 땅을 얼마나 샀을까?

그럼 내륙 지역 면적은 어떤지 먼저 숫자로 볼까요?

항목	면적 (㎢)	설명
중국인이 가진 땅	20.66	여의도 면적의 약 7.1배

여의도 면적은 약 2.9㎢ 정도예요! 그런데 중국인이 매입한 땅이 여의도 면적의 7배 크기보다 많다니, 정말 너무 넓지 않나요?

더 큰 문제는 외국인이 구매한 땅의 위치

외국인이 우리나라 땅을 많이 사는 것도 문제이지만, 그 땅이 어디에 있는지가 더 중요한 문제예요. 외국인들이 주로 사는 땅은 그냥 논밭이 아니고, 도시 한복판, 바닷가 근처, 리조트 예정지, 상업지역 같은 알짜배기 땅입니다.

상업지역은 나라 전체에서 아주 좁은 알짜배기 땅이기 때문에 거기에서 이렇게 많은 땅을 외국인이 가지고 있다는 건, 경제 중심지를 뺏기고 있는 것과 마찬가지랍니다.

공평하지 않은 법과 방치된 제도

중국은 외국인이 자기네 땅을 절대 구매할 수 없게 금지하고 있어요. 그런데 우리는 중국인에게 나라 땅을 마음껏 살 수 있게 허용하고 있어요. 게다가 중국 정부는 국민의 해외자산도 감시하고 관리하고 있다고 합니다.

- 대한민국에서는 외국인이 땅을 살 수 있어도
- 하지만 중국에서는 우리국민은 땅을 매입할 수 없답니다.
- 뉴질랜드, 호주, 싱가포르 등 많은 나라들은 외국인의 땅 매입을 강하게 제한합니다.

그런데 왜 우리만 가만히 있을까요?

우리나라 땅은 우리 국민의 것이고, 다음 세대인 여러분의 미래 자산이에요. 그런데 지금처럼 방치하면, 나중엔 살 곳도, 일할 곳도, 지킬 자연도 없어질 수 있답니다. 그래서 꼭 필요한건,

- 외국인이 땅 사는 걸 강하게 제한하거나 임대만 가능하도록 하는 법을 만들어야 하고
- 투자하면 영주권 주는 제도(투자이민제도)를 없애거나 매우 까다롭게 만들어야 하며
- 중국자본이 어디서 오는지 누가 땅을 샀는지 철저히 조사해야 합니다.

땅은 국토이자 우리의 삶이 시작되는 곳, 미래의 터전이면서, 바람, 산, 바다, 그리고 그 속에서 살아가는 사람들까지 모두 국민의 자산입니다.

43

우리나라 세금은
외국인을 위해 올리나?

부동산 세금 역차별 이야기

같은 집에 사는 가족은 보통 한 가족이죠?

가족이 한 집에 살면 당연히 한 세대, 한 가족으로 봅니다. 하지만, 우리나라 제도에서 외국인은 같은 집에 살아도, 각자 다른 세대로 인정한다고 합니다.

헉! 그럼 우리나라 국민보다 외국인이 세금을 훨씬 더 적게 낼 수 있게 되는데요? 자세히 알아볼게요.

외국인은 세금 덜 내고, 혜택은 더 많이 가져갑니다.

똑같이 집을 매입해도,

세금 종류	대한민국 국민	외국인(중국인이 약 70%를 차지) (국토교통부)
양도세	가족 합산해서 다주택자 취급 → 세금 더 냄	가족이 따로따로 각자 1주택자 취급 → 세금 거의 안냄
종합부동산세	공제 중복 안 됨, 세율 높음	공제 여러 번 가능, 세율 낮음
취득세	두 채부터 8~12% 중과세	여러 채 사도 각각 1채 취급 → 1~3% 과세

타워팰리스 사건의 진짜 핵심은 세금!

2021년, 33살 중국 국적 외국인이 서울 타워팰리스 복층 펜트하우스를 89억 원에 전액 외국 대출로 샀다는 이야기 기억하죠? 사람들은 "도대체 돈을 어떻게 만들었냐?"에 집중했지만, 더 심각한 건 "세금을 어떻게 피했는가?"입니다.

만약 그가 내국인이었다면,

- 다주택자라면 양도세 중과!
- 종부세 공제 감소!
- 취득세 중과!
- 청약도 제한 되었을 거예요.

하지만 외국인이라서 "1세대" 취급받아 전부 피할 수 있다는 거예요. 이걸 바로 "비상식적인 특혜"라고 하는 것입니다. 지금도 외국인 부동산 투자자들은 우리나라 세대 기준의 빈틈을 이용해 마치 쇼핑하듯 서울 및 수도권 핵심 지역에 있는 주택과 땅을 마구 매입하고 있어요.

외국인은 세금 피해가고, 대한민국 국민만 세금 폭탄을 맞는 이 구조, 과연 맞는 걸까요? 국민이 먼저인 나라, 그 시작은 이 기형적인 '세대 기준' 세금 제도를 바로잡는 것입니다.

<u>**44**</u>

우리나라 국민은 투자 불허, 그런데 외국인은 허용?

우리나라에서는 집값이 너무 빨리 오르는 지역이 발생하는 것을 막기 위해 정부가 '투기지역', '조정대상지역', '투기과열지구'로 지정해요.

그런데 문제는 대한민국 국민은 투자하기 까다롭게 강한 규제를 하고 있지만, 외국인은 투자하기 용이하게 규제를 최소화하고 있답니다. 같은 지역, 같은 아파트를 우리나라 국민은 못 사는데, 외국인은 살 수 있다는 것이지요.

먼저, 투기지역이 뭔지 알아볼게요

구분	의미	효과
투기지역	투기성 매입 우려 큰 지역	대출 제한, 세금 중과, 분양 제한
조정대상지역	집값 급등 지역	청약 제한, 양도세 중과, 대출 규제
투기과열지구	과열 양상 뚜렷한 지역	분양권 전매 제한, 세무조사 강화

예시: 서울 강남, 서초, 용산 / 세종시 / 송도 등 → 대부분 인기 지역이죠?

이런 곳은 정부가 "더 이상 사고 팔기 금지!"라고 국민에게는 철저히 제한을 걸어요. 그런데 외국인은 이 규제에서 제외됩니다. 투기지역, 조정지역, 과열지구 등의 투자에 외국인에게는 대부분 규제 혹은 제한되지 않습니다.

왜냐하면,

- 외국인은 청약 자격도 다르고

- 세대 기준 규제도 안 받고

- 해외 대출도 규제 받지 않고

- 사후 조사도 거의 안 해요.

그래서 외국인 투자자들은 투기지역에서도 당당히 고급 아파트를 사고 있답니다.

실제 외국인 부동산 집중 구매 지역 현황

2022년 국토교통부 발표에 따르면, 외국인 부동산 투자자들은 다음 지역에 집중하고 있어요.

지역	외국인 매입 비율 상위권
제주도	외국인 보유 주택 비율 전국 최고 (중국인 비율 압도적)
인천 송도	국제도시 이미지 + 규제 완화 → 중국인 매입 급증
서울 강남구 · 송파구	타워팰리스, 잠실주공 등 고급아파트 다수 매입
부산 해운대	다수의 고급 주거단지, 외국인 투자 집중

이 지역 대부분이 조정지역 또는 투기과열지구예요.

국토부·감사원 보고서(2023년)에 따르면, 2017~2022년 사이 외국인 부동산 매입이 2배 이상 증가했고, 그 중 중국인은 전체 외국인 매입의 55% 이상을 차지했어요. 특히 1인당 주택 보유 수는 내국인보다 높고, 매입 지역도 대부분 고가 주택 밀집 지역이랍니다.

외국인이 규제에서 빠져나가는 방법들

수법	설명
명의(이름) 쪼개기	가족 명의로 여러 채 구입해 다주택 규제 피함
법인 설립	대한민국에 투자법인만 세워 투기지역 내 부동산 매입
해외 대출 이용	국내 금융 규제 회피하고 전액 대출로 고가 주택 구매
비거주 상태 유지	실거주 요건 피해, 투기성 단기 매매 가능

게다가 사후조사도 느려서, 사실상 외국인을 위한 투기 천국이 되어가고 있답니다. 나라에서 집값을 잡겠다고 규제를 만들었는데, 국민에게만 적용되고 외국인에게는 허술하다면 과연 그 제도는 공정한 것일까요?

45

국민은 대출받아 공부하고,
외국인은 우리 세금으로 지원받아 공부?

대한민국에서 대학에 입학하면,

- 등록금이 1년에 수백만 원, 많게는 천만 원 가까이 들지요.
- 그래서 많은 청년들이 '학자금 대출', 즉 '빚'을 지고 공부를 시작해요.
- 졸업하자 마자 은행에 갚아야 할 돈이 수천만 원이 넘는 친구도 있답니다.

그런데 이때, 강의실에 앉아 있는 외국인 유학생은 말해요.

"나는 한국에 와서 장학금으로 공부하고, 생활비도 받는데?"

맞아요. 외국인 유학생들은 대한민국 정부에서 주는 장학금을 받고, 심지어 비행기 티켓 값까지 우리나라 세금으로 지원받는 경우도 있답니다.

지원 받으면서 유학이 가능한 나라?

외국인 유학생들은 대학 등록금 지원, 항공권 지원, 매달 정착생활비 지원, 건강보험까지 지원 받는 경우가 있어요. 이 모든 비용은 어디서 나올까요? 바로 대한민국 국민 여러분의 세금입니다.

2024년 기준, 외국인 유학생 지원에만 수백억 원 규모의 돈이 들어갔어요. 그중 중국인 유학생이 가장 많은 비율을 차지했답니다.

바로 우리 대한민국 국민이 낸 소득세, 주민세, 교육세랍니다.

항목	대한민국 청년	외국인 유학생
등록금	직접 부담 or 학자금 대출 (이자 有)	전액 장학금 (무이자 or 공짜)
생활비	아르바이트로 직접 마련	매달 수십만 원 지급
항공료 · 기숙사	직접 비용 부담 or 추첨 경쟁	항공권 + 기숙사 우선 배정
의료보험	자부담 + 국민건강보험	전액 무료 의료 혜택 포함

대부분의 혜택은 'GKS(정부초청장학생)'이라는 제도를 통해 주어져요. 그리고 그 돈은 여러분이 소비할 때 내는 부가세, 우리나라 국민이 버는 돈에서 빠져나가는 소득세와 주민세 등으로 만들어진 예산이랍니다.

대한민국 청년은 대출, 외국인은 장학금 정말 공정한가?

한번 비교해 볼까요?

항목	대한민국 청년	외국인 유학생
장학금	우수 성적 받아야 가능	입학만 해도 등록금 감면
기숙사	추첨제, 치열한 경쟁	외국인 우선 배정, 전용 숙소동 제공

항목	대한민국 청년	외국인 유학생
학자금	이자 부담, 신용 불량 위험 있음	무이자 장학금 다수 수혜

기숙사도 외국인 먼저?

어떤 대학은 아예 기숙사 한 동을 외국인 유학생 전용으로 비워 둬요. 일부 대학교에서는 기숙사 상당 부분을 외국인에게 우선 배정했답니다. 그럼 우리나라 학생은요? 방이 부족하여 추첨에서 떨어지면 학교 근처 원룸에서 비싼 월세 내며 살아야 합니다.

결국 대한민국 청년은 발품을 팔아 자취방 알아보고, 외국인 유학생은 학교 기숙사에서 편하게 생활한다는 것인데, 과연 이걸 '국제화'라고 부를 수 있을까요?

정부와 학교 일부 관계자는 말해요.

"우리나라 대학의 국제화를 위해 외국인을 우대합니다."

하지만, 그게 대한민국 청년을 차별하는 이유가 될 수는 없지 안찮아요?

이런 혜택, 누가 결정하나?

이 모든 장학금 제도는 그냥 대학 마음대로 만든 게 아니에요. 정부가 직접 운영하는 정부초청장학생(GKS) 제도와, 교육부, 지방자치단체, 각 대학의 세금 보조금으로 운영되고 있습니다.

- GKS 장학금

  → 등록금 + 항공권 + 매달 생활지원금 지원 + 보험금 지원

  → 주로 중국 국적 유학생 다수 포함

- 대학 자체 장학금

  → 성적 없어도 입학만 하면 자동 감면

  → 외국인만을 위한 특별 장학금 운영

- 지자체 지원

  → 지역 유학생 유치 장학금, 생활비, 적응지원 제공

  → 국내 청년에겐 없는 혜택

문제점	설명
국민보다 외국인이 우선됨	장학금, 기숙사, 복지 등 거의 모든 영역에서 외국인 유학생이 먼저 혜택을 받음
세금 역보조 구조	외국인은 세금을 거의 안 내는데, 세금 혜택은 더 많이 받음
형평성 무너짐	내국인은 경쟁으로 떨어지고, 외국인은 자동 수혜자로 분류

고등학교 무상교육, 외국인도 해당된다?

2021년부터 대한민국은 고등학교 무상교육을 실시하고 있어요. 이 말은 고등학교에 들어가면 입학금도, 수업료도, 학교운영비도, 교과서비도 모두 무료라는 뜻입니다.

그런데 여기서 아주 중요한 사실은 이 무상교육 혜택이 대한민국 국적 학생만 해당되는게 아니라 외국 국적, 조선족, 화교 자녀도 체류자격만 있으면 대한민국 학생과 똑같이 면제를 받는다는 겁니다. 우리 국민은 세금 내고, 외국 학생은 우리가 낸 세금으로 돈 한푼 안내며 학교를 다니고 있답니다.

장학금도, 학습비도 다문화라는 이름 아래 퍼주고 있다?

여기서 끝이 아니에요. 다문화, 국제교류, 포용이라는 이름으로 해외 국적 고등학생들은 장학금, 학습비, 심지어 학원비까지 지원받습니다.

- 서울시교육청의 다문화장학금
- 민간재단의 화교자녀 대상 장학금
- 예체능 학원비, 교재비, 교통비, 컴퓨터, 인터넷까지 지원
- 일부 지역은 중복 수령도 가능해요!

대한민국 학생은 영어학원 한번 보내기도 힘든데, 해외 국적 학생은 지자체 장학금 + 학원비 지원까지 다 받는다니? 우리나라 학생들이 교육비로 힘들어하는 사이, 외국 국적 학생들은 우리 세금으로 맘 편히 웃으며 공부하고 있답니다.

우리가 낸 세금으로 왜 해외 국적 유학생이 지원받고 있을까요? 이건 단순한 장학금 문제가 아닙니다.

국가의 방향성과 가치관에 관한 문제예요. 우리나라 청년은 대출 받아 학비 내며 공부하고, 외국 청년은 우리 세금으로 지원 받아 공부하고, 무언가 잘못된 것 아닐까요? 교육복지는 국민 우선으로 돌아가야 하는 것입니다.

<u>46</u>

외국인이 우리나라
공무원이 될 수 있다?

공무원에도 여러 종류가 있어요.

- 일반직 공무원: 우리가 흔히 알고 있는 9급, 7급 등 공무원이에요.
- 임기제 공무원: 계약직 공무원, 기간 한정으로 특정 업무를 맡아요.
- 전문경력관: 특정 분야에 전문성이 있는 사람입니다.

여기까진 괜찮아요. 문제는 여기서부터예요.

시험도 없이, 서류 몇 장과 면접 한 번만으로 공무원이 되는 경우도 있답니다. 외국인에게 열려 있는 혜택입니다. 정부는 "특별한 능력이 있는 사람도 공무원으로 뽑겠다"며 이런 제도를 만들었어요. 임기제와 전문경력관은 외국인도 지원할 수 있습니다.

대한민국 국적이 없어도, 중국, 대만, 홍콩 국적이어도, '특정 분야의 능력'만 있으면 공무원이 될 수 있어요. 게다가 필기시험도 없이 채용하는 경우도 있답니다.

서류 심사 & 면접 평가. 딱 이 두 가지만 통과하면 끝이에요. 같은

"공무원"이라는 이름을 달고 있지만, 우리나라 국민은 수년간 공부하고도 떨어지는 경우가 있는 만큼 어렵게 합격하는데, 외국인은 몇 가지 서류만 준비하면 면접으로 쉽게 합격할 수 있다는 이야기예요.

임기제 공무원이란 무엇인가?

임기제 공무원은 일정 기간만 일하는 계약직 공무원이에요. 보통 아래와 같은 업무에 외국인을 뽑기도 합니다.

- 중국어·광둥어 통번역
- 다문화가족 상담, 교육
- 국제 협력 사업 업무

시험이 아예 없고, 관련 경력만 조금 있으면 면접으로 통과 가능하답니다.

예를들면, 중국어 통역 2~3년 경력 + 한국어능력시험(TOPIK) 3급 → 합격 가능!

이렇게 쉽게요?

전문경력관 공무원이란 무엇인가요?

전문경력관은 어떤 분야에서 '전문가' 라고 인정되면 뽑아주는 제도예요. 예를 들면,

- IT 개발, 보안 분야
- 국제법, 이민법 분야
- 국제 보건 협력 분야

하지만 문제는, 그 기준이 지나치게 낮거나, 검증이 허술한 경우도 많다는 거예요. 대학 졸업장과 몇 년 일한 경력만 있으면, 국민이 수십 대 1 경쟁률로 떨어지는 공무원 자리를 외국인은 면접 한 번으로 차지할 수도 있답니다. 그리고 과연, 이런 공적인 업무 권한을 외국인에게 주는 것이 올바른 정책이 맞을까요?

이런 자리를 외국인에게만 열어주는 이유는 뭘까요?

정부는 말해요.

"외국인의 전문성도 공공 업무에 기여할 수 있습니다."

"다문화 이해와 국제 교류가 중요합니다."

하지만 현실은 어떤가요?

- 실무능력보다 '국적 다양성' 강조
- 필기시험 없음
- 검증 없는 서류심사

결국, 공정의 탈을 쓴 불공정이자 국가 공공기관 정보 유출 리스크가 될 수 있는 구조 아닐까요?

47

외국인이 우리나라 법관(판사) 및
검사가 될 수 있다?

공무원에서도 판사와 검사는 어떤 사람들인가요? 그냥 "법 잘 아는 직업인"일까요?

아닙니다.

이 사람들은 국가의 이름으로 판단하고, 기소하고, 처벌을 요구하는 자리입니다.

말 그대로 사법 주권의 핵심인 자리이죠.

그런데 지금 대한민국 법 체계에서는 외국인도 판사와 검사가 될 수 있는 구조가 만들어져 있습니다.

과장 아닙니다. 실제 법이 그렇게 바뀌었습니다.

언제, 어떻게 바뀌었을까요?

먼저 판사부터 보겠습니다. 2017년, 법원조직법이 개정되면서 법관 임용 요건에서 '대한민국 국적' 조항이 삭제됐습니다.

그리고 검사입니다. 2020년, 검찰청법 개정으로 검사 역시 국적 제한 규정이 명확히 사라졌습니다.

정리해 보면 이렇습니다.

- 2017년: 법관(판사), 법원조직법 개정으로 국적 제한 폐지
- 2020년: 검사, 검찰청법 개정으로 국적 제한 폐지

이 말은 제도적으로 중국인을 포함한 외국인 누구나 판사·검사가 될 수 있다는 뜻입니다.

"지금 실제로 그런 사람이 있느냐"는 질문이 나올 수 있습니다. 하지만, 이 문제의 핵심은 가능하도록 문을 열어놓았다는 사실 자체가 아닐까요?

판사·검사는 일반 공무원과 다릅니다. 외국인 공무원도 있는데, 판사·검사라고 다를 게 있느냐라고 생각하는 사람도 있을 수 있겠지요. 하지만 여기서 반드시 선을 그어야 합니다. 판사와 검사는 행정 보조 인력이 아닙니다. 정책 자문도 아닙니다. 이들은 국민의 자유·재산·권리를 직접 제한할 수 있는 권한을 가집니다.

- 구속영장을 청구하고
- 기소 여부를 결정하고
- 유무죄를 판단합니다.

이건 행정 업무가 아니라 국가 주권 그 자체입니다.

그래서 전 세계 대부분의 나라가 사법 핵심 직위에는 국적 요건을 절대적으로 둡니다.

능력 때문이 아닙니다. "이 사람이 최종적으로 어느 국가와 운명을 함께하느냐"의 문제이기 때문이지요.

중국을 떠올리면 더 불안해집니다

이 지점에서 중국 이야기를 안 할 수가 없습니다. 중국에서 한국인이 판사나 검사가 될 수 있을까요?

완전히 불가능합니다. 중국의 사법 체계는 당 체제와 밀접하게 결합돼 있기 때문입니다.

그런데 대한민국은 중국인은 물론, 외국 국적자도 법적으로는 판사·검사가 될 수 있는 구조를 만들어 놓았습니다.

이건 국제사회에서 말하는 상호주의 원칙과도 맞지 않습니다. 상대국은 철저히 닫아두는데, 우리는 활짝 열어두는 구조. 이게 과연 균형 잡힌 제도 설계일까요?

"아직 문제 없으니 괜찮다"는 말이 가장 위험합니다

이런 이야기를 하면 꼭 이런 말이 나옵니다.

"아직 실제 사례 없지 않느냐." "괜한 걱정 아니냐."

그런데 제도라는 것은 문제가 생긴 뒤에는 이미 늦습니다. 특히 사법부는 더 그렇습니다.

사법은 신뢰 위에서 작동합니다. 국민이 "혹시…"라는 의문을 갖기 시작하면, 그 순간부터 사법 신뢰는 서서히 무너집니다. 냉엄한 국제 정세 속에서 법률전, 제도전, 인적 네트워크를 통한 영향력 확대가 공공연히 논의되는 시대입니다. 이런 환경에서 사법 주권의 기준을 느슨하게 만든다는 건 결코 가벼운 선택이 아닐 것입니다.

판사와 검사만큼은 대한민국 국적 요건을 명확히 두는 것이 오히려 정상적인 국가의 모습 아닐까요? 이건 전 세계 다수 국가가 채택하고 있는 아주 보편적인 기준입니다.

법은 바꿀 수 있습니다. 그래서 더 중요합니다

이 법들은 이미 개정되었습니다. 하지만 법은 언제든 다시 고칠 수 있습니다. 중요한 건 지금 이 문제를 인식하고, 어떻게 공론화하느냐입니다.

판사·검사는 국가의 얼굴입니다. 사법부는 국가의 최후 보루입니다. 그 자리에 대한 기준이 흔들리면 국가 전체의 신뢰도 함께 흔들릴 것입니다. 이 문제만큼은 "괜히 건드리지 말자"가 아니라, "지금이라도 다시 논의하자"가 맞습니다.

사법 주권은, 한 번 흐트러지면 되돌리기 가장 어려운 영역이고, 법치국가에서 국민 주권의 핵심입니다.

<u>48</u>

공공임대주택 0순위, 외국인은 들어오고, 자국민은 하늘의 별 따기?

집이 없는 청년, 신혼부부, 서민을 위해 정부가 저렴하게 빌려주는 아파트를 '공공임대주택'이라고 해요. 문제는, 경쟁률이 치열해서 이 혜택을 받기가 너무 힘들다는 거예요.

2025년 서울의 한 청년임대주택 경쟁률은 314:1로 단 190가구에 무려 56,000명이 몰렸답니다.

그런데, 다문화가정은 경쟁률이 고작 '5:1'?

같은 시기, 서울 동대문구 'e편한세상' 아파트에선 "다문화가정 특별공급"으로 다문화가정에 배정됐고, 경쟁률은 5:1이었어요. 같은 나라, 같은 집인데 왜 어떤 사람은 314:1 이고, 어떤 사람은 5:1 경쟁률로 들어갈까요?

정부는 말합니다.

"공공임대주택은 누구나 평등하게 신청할 수 있습니다!"

맞아요. 정책만 보면 그 말은 틀리지 않아요. 「주택공급에 관한 규칙」 제35조에 따르면, 국민주택의 10%까지 다문화가정에 배정할 수 있고, 시도지사가 승인하면 10%를 넘겨도 됩니다.

그런데 문제는 '국적 무관'이라는 조건에서 시작돼요

자, 그럼 누가 다문화가정일까요? 그 기준을 확인해 볼까요?

"배우자와 3년 이상만 함께 살고, 집이 없는 무주택 세대 구성원이면 됩니다."

중요한 포인트는, 반드시 대한민국 국적일 필요가 없다는 것입니다. 다음 중 하나라도 해당되면 다문화가정으로 인정받을 수 있어요.

- 혼인비자
- 영주권
- 외국 국적자 + 한국인 배우자

즉, 외국인도 서류상 혼인만 돼 있으면 공공임대주택 특별공급 대상이 될 수 있는 거예요.

제도는 '공정'하다면서, 결과는 왜 다를까요?

정부는 말해요.

"국적, 출신국에 따라 차별하지 않습니다."

공식적으로는 "국민과 외국인 모두에게 평등한 제도"처럼 보여요. 하지만, 현실은 문제가 있어요. 위장 혼인부터 대리 신청까지 정책을 악용하는 사례가 있다고 해요. 그리고 외국인 중 특정한 국가 사람들 비율이 비정상적으로 높다면, 과연 모두에게 평등한 제도 맞을까요?

사례	설명
위장혼인	혼인 서류만 내고 실제론 따로 살아감
소득 허위신고	현금 거래 등으로 저소득 가장인 척 위장
대리 신청	한국인 배우자 이름으로 신청, 실제 입주자는 외국인
위장전입	거주 요건 채우기 위해 거짓 주소 등록
거주기간 조작	주민등록만 옮겨서 3년 이상 거주 요건 맞춘 척 속임
재임대	입주 후 다른 사람에게 몰래 임대하고 월세 받아 차익 챙김

<u>**49**</u>

외국인 병원비도, 자격증 지원 복지도
우리 세금으로?

일반 국민들은 건강보험으로 병원비 일부를 지원받지만, 진료비, 약값, 비급여 항목은 여전히 부담이 커요. 보호자가 어렵게 병원비를 마련하기도 해요.

그런데 외국인 자녀가 아프면,

- 입원비와 수술비의 일부를 국가 세금으로 지원해줘요.
- 외래진료도 최대 90%까지 지원돼요.

즉, 병원비의 대부분을 국민 세금으로 해결해주는 구조입니다.

2025년 국민건강보험공단 자료를 보면 최근 5년간 70%가까이 늘어나면서 외국인 환자들을 치료하는데 들어간 국민건강보험료가 약 5조 8000억원에 달했다고 합니다. 게다가 건강보험료 외국인 부정수급 인원이 무려 12만명에 달하며, 부정환자─수급액 모두 내국인의 2배에 달하는 엄청난 누수가 발생하고 있다고 합니다.

면허와 자격증도, 외국인은 쉽게?

우리나라 청년은 운전면허를 따기 위해

- 운전학원비 수십만 원

- 교재비, 응시료, 보험료까지 다 본인 부담이에요.

하지만 외국인 다문화 청년은,

- 지방자치단체에 따라 운전학원비 전액까지도 무료 지원 받기도 하고

- 시험 준비 비용도 일부 지원받는 경우도 있어요!

국민 청년은 자격증 하나 따려고

- 주말에 편의점 알바하고

- 야간 배송, 과외, 배달까지 하며

- 학원비와 교재비를 직접 마련해야 해요.

그런데 외국인은,

- 고용노동부의 내일배움카드라는 제도를 통해

- 국비로 학원 수강이 가능해요!

- 미용, 바리스타, 요리, 컴퓨터 자격증 등 분야도 다양하답니다.

50

왜 외국인에게
우리나라 선거 투표권을 줄까?

선거는 우리 사회의 리더를 뽑는 중요한 시스템이에요. 대통령을 뽑는 건 나라 전체의 리더를 뽑는 거고, 지방선거는 우리 도시, 우리 마을의 리더를 뽑는 날이에요. 도지사, 시장, 군수, 도의원, 구의원 같은 분들 말이죠.

그런데 놀라운 사실은 한국 사람이 아닌 외국인도 이 선거에 참여하여 투표가 가능하다는 것입니다.

외국인도 대한민국 지방선거에서 투표를 할 수 있다는 사실을 알고 계셨나요?

법으로 보장된 외국인의 투표권

대한민국 공직선거법 제15조 제2항에 따르면, '영주권'을 가진 외국인 중 '대한민국에 3년 이상' 살았고 '만 18세 이상'이며 '외국인등록대장에 등록'된 사람은 우리 지방선거에서 투표권을 가질 수 있다고 되어있어요. 이런 나라는 전 세계에서 대한민국이 유일하답니다.

미국? 일본? 프랑스? 모두 외국인은 투표가 불가해요.

오직 대한민국만이 외국인에게 선거권을 부여하고 있어요!

외국인 유권자 15만 명 시대!

2022년 지방선거 기준으로 전체 외국인 유권자 약 15만 명 중, 약 81%가 중국 국적자였어요. 도지사, 시장, 구청장, 시의원 등 이런 분들이 외국인 표로 당선결과가 달라질 수도 있다는 것입니다. 이건 단순한 '참여'가 아니라, 지역 권력에 대한 '침투'라고 봐야 하지 않을까요?

중국은 한국인에게 투표권 주나요?

절대 아닙니다! 중국은 지방선거 자체가 없어요. 당연히 외국인에게 선거권도 주지 않습니다. 은행계좌 만들기도 힘들고, 부동산도 못 사고, 아이들 교육도 제한되고, 의료·복지 혜택도 부족한 나라이지요.

그런데 우리나라는 어떤가요? 중국인에게 선거권도 주고, 집도 주고, 복지도 퍼주고 있어요.

이건 '사회 통합'이 아니라 국민 주권을 넘기는 '정치적 배신'이자 상호주의 원칙에도 어긋나는 행태랍니다.

항목	내용
법적 근거	공직선거법 제15조 제2항
외국인 투표 가능 조건	영주권 + 3년 이상 거주 + 외국인등록대장 등재 + 만 18세 이상 (너무 간단하고 쉽지 않나요?)
2024년 외국인 유권자 수	약 15만 명 중 약 81%가 중국 국적
상호주의 원칙 위배	중국은 외국인에게 투표권을 주지 않아요.

우리나라 민생경제와 국가안보에 꼭 필요한 예산을 누가 대거 삭감했을까?

우리나라 민생경제와
국가안보에 꼭 필요한 예산을
누가 대거 삭감했을까?

2024년 말, 국회는 정부가 국민을 위해 준비한 예산 중 무려 4조 1천
억 원을 삭감했어요!

- 민생 경제 예산
- 국토 안보 예산
- 에너지 예산
- 첨단기술 개발 예산
- 범죄 수사 예산

이런 민생경제와 국가안보를 위한 예산이 줄어든 반면, 국회의원 연
봉은 올랐고, 국회 특수활동비는 그대로 유지 시켰어요.

국군과 안보, 나라를 지키는 데 꼭 필요한 예산 삭감

항목	삭감 내용	어떤 문제가 생기나요?
초급 간부 수당	장기 복무 유도 예산 삭감	병사들이 오래 복무하려 하지 않아요
SM-6 유도탄	96% 삭감	북한 미사일을 막을 무기 사라짐
드론 방어 체계	99% 삭감	적군의 드론 테러 막을 방어 시스템 사라짐
정찰 시스템	4,852억 삭감	전시 상황에서 적을 확인하는 시스템 사라짐

우리 국군을 눈 감고 싸우는 군대로 만들어 버린 것 아닐까요?

에너지와 자원, 미래를 위한 투자를 없애버렸어요!

대한민국도 석유를 직접 개발하려고 준비하고 있었어요. 그런데, 개발에 필요한 예산을 몽땅 없애 버렸답니다.

항목	삭감 내용	어떤 일이 생기나요?
동해 유전 개발	497억 전액 삭감	산유국 꿈 무산시킴
원전 기술 개발	90% 삭감	세계 원전 수출 경쟁에서 밀림
탄소중립은 증액	원전 삭감	전기값은 오르고, 전력은 불안정

전 세계가 에너지 안보에 집중하는 지금, 우린 한 발 뒤로 물러선 꼴이 되어버렸답니다.

미래 산업과 기술, 우리나라의 성장동력을 위한 예산 삭감

반도체, 로봇, 모빌리티 같은 첨단 기술 투자 예산이 줄었어요.

분야	영향
반도체 산업	투자 축소 → 세계 경쟁에서 밀릴 위기
로봇, 미래차	일자리 창출 줄고, 신산업 약화

우리나라 미래 세대 먹거리도 잃게 된 셈이랍니다.

마약 범죄와 싸우는데 필요한 예산 삭감

마약, 디지털 범죄, 딥페이크 수사 예산까지 모두 줄었어요!

항목	삭감 내용	결과
검찰 · 경찰 특활비	전액 삭감	수사력 약화, 마약 대응 힘들어짐
감사원 특활비	전액 삭감	간첩 수사도 매우 어려워짐

마약범죄와 간첩 리스크는 늘어나는데, 범죄 수사에 필요한 예산을 전액 삭감했답니다.

교육과 아이들 문화 예산까지도 삭감

용산 어린이정원, 과학 체험관 운영 예산도 0원이 되었어요!

항목	삭감 내용	결과
어린이 과학관	운영비 전액 삭감	아이들 과학 체험 기회 사라짐
늘봄학교	예산 누락	부모님 부담 ↑, 저출산 정책 역행

그런데, 국회의원 혜택과 연봉은 더 많이?

"국민에게 정작 필요한 예산은 깍고, 내 월급은 올라가야지?"

항목	결과
국회의원 연봉	인상 (1억 6천만원)
국회 특수활동비	유지 (수천만 원)
대통령실 특수활동비	전액 삭감
국가안보실 특수활동비	전액 삭감

정부는 국민의 삶을 지키기 위해 예산을 책정하였는데, 국회는 중요한 분야만 쏙쏙 골라서 예산을 잘라냈어요. 게다가 국회는 대통령비서실·국가안보실 특수활동비도 전액 삭감했어요. 그러고는 국회의원 자신들 급여는 올리고 특수활동비는 그대로 유지했지요. 국민과 국토방위를 위해 진정으로 필요한 예산은 대폭 삭감하고, 본인들 월급 올리는 국회의원, 어떻게 생각하시나요?

51

군인의 눈을 가려 놓고 전쟁을?
국가안보 예산 싹둑!

여러분, 상상해 보세요. 적군이 막 달려오고 있는데, 우리 군인은 눈도 가리고, 귀도 막고 싸워야 한다면 어떨까요? 정말 무섭고 두렵지 않을까요?

그런데 실제로 이런 일이 일어났어요. 2024년 12월, 국회에서 단독으로 4조 1천억 원의 국가 예산을 싹둑 잘라버렸어요. 우리나라 안보를 지키는 중요한 국방예산만 뽑아서 깎은 거예요!

초급 간부 수당을 왜 없앴을까?

우리 국군에는 젊고 유능한 간부들이 많아요. 이 군인들은 실제로 군을 움직이는 '허리' 역할을 합니다. 그런데 이번에 이 간부들에게 주는 보너스와 복지 예산을 전부 없애버렸어요.

그럼 어떤 일이 생길까요?

- 군 생활이 너무 힘들어서 그만두는 사람이 늘어요.
- 좋은 간부가 줄어들면 군대 전체 실력도 뚝! 떨어져요.
- 그럼 적군이 공격하면, 방어 시스템에 문제가 생기겠죠?

“무기는 있는데, 이끌 사람이 없다?” 국가안보를 위해서 절대로 일어나서는 안되는 상황입니다.

미사일 막을 방패가 사라졌다?

요즘 북한은 우리나라를 위협하는 미사일을 자꾸 쏘고 있어요. 그래서 우리나라도 '3축 체계'라는 최첨단 방어 시스템을 만들고 있었어요. 그런데 이 방어 시스템에 필요한 예산을 삭감했어요.

무기	삭감 정도	무슨 일이 생기나?
SM-6 유도탄	96% 삭감	미사일을 막을 무기 도입 못함
정밀유도포탄 R&D	84% 삭감	정확한 타겟 공격이 어려워짐
전술 데이터 시스템	78% 삭감	군대 내부 소통이 어려워짐
지휘 정찰 시스템	4,852억 삭감	적이 어디 있는지도 모르게 됨

미사일이 날아오는데 "그냥 눈 감고 맞아라"라는 말과 뭐가 다를까요?

"어디서 공격하는지 모르고 보이지도 않는데 어떻게 막아요?

군대가 전쟁할 때는 정보 수집과 정찰이 가장 중요해요. 적이 어디에 있는지, 뭘 쏘는지 모르면 대응할 수도 없잖아요? 그런데도 정찰용 위성, 조기경보 시스템, 통신장비 예산도 줄줄이 삭감했어요. 그럼 우리 군은 전쟁이 나도 무엇이 어디서 오는지 모른 채 적군과 맞서야 합니다. 게다가 북한과 중국을 견제하기 위해 미국과 함께하는 한미 군사작전에도 문제가 생긴답니다.

드론으로 공격당하는데, 우리는 맨손?

요즘 전쟁에서는 드론이 무기 역할로 정말 많이 쓰여요. 하늘에서 몰래 날아가서 기습 공격을 할 수 있어요. 북한은 서울 상공 하늘까지 드론을 보내왔어요. 그래서 우리나라 정부도 이에 대응하기 위해 드론 작전 부대를 만들고, 적군의 드론공격에 대비하기 위해 예산을 편성하였어요.

그런데 국회는 이 드론 방어 예산의 99%를 싹둑 깎아버렸어요. 100억 중에 99억 5400만 원을 깎고, 4600만 원만 남긴거예요!

정말 우리나라 안보를 위한 결정 맞나요? 우리의 적 북한군이 웃고 있지 않을까요?

간첩을 잡지 말라는 건가요?

2023년, 정말 무서운 뉴스가 있었어요. 북한에서 지령을 받은 간첩단이 우리나라 노동단체 내부에서 활동한 거예요. 대한민국 안에 진짜 간첩이 숨어 있었던 거죠. 그런데도 간첩 수사하는 부서 인력과 규모도 줄였어요. 이제는 국방 예산까지 삭감했답니다.

이건 단순한 예산 문제가 아니에요

국회는 말해요, "민생을 위해서 예산을 조정했을 뿐이에요." 근데 정말 그런가요?

내용	유지/삭감 여부
군인 수당, 무기, 정찰	삭감
어린이 체험관, 과학 교육	삭감
국회의원 월급	인상
국회의원 활동비	유지

안보에 꼭 필요한 예산은 삭감하고, 국회의원들 월급과 활동비는 올렸어요. 정말 민생을 위한게 맞을까요?

도대체 왜 유능한 군 간부의 혜택을 줄이고, 최첨단 방어 시스템 예산을 삭감하고, 드론 부대 창설 예산을 없애는 걸까요?

우리나라 국민이 안전하게 살 수 있도록, 나라 지도자들이 올바른 선택을 하고 있는지 잘 확인해야 하겠습니다.

52

마약범죄를
수사하지 말라는건가?

대한민국에서 정말 걱정되는 일이 벌어졌어요. 바로 "검찰과 경찰 수사 예산"을 싹둑 잘라버렸답니다. 그런데 더 충격적인 건, 이 예산이 뭘 하는 데 쓰이냐면, 바로 마약 거래를 막고, 성범죄자를 잡는 등 나쁜 범죄를 수사하는 데 꼭 필요한 돈이랍니다.

마약범 수사 예산을 없애서 수사관들 손발 묶고, 마약 범죄를 막으라고?

최근 강릉에서 약 5천700만 명이 동시에 투약할 수 있을 만큼 많은 코카인을 들여오다가 적발됐어요! 엄청난 양이죠?

그걸 막은 건 누굴까요? 바로 검찰, 경찰, 관세청이 함께 꾸린 마약 수사팀이에요! 미국 FBI 수사팀과 공조하여 적발했어요. 그런데 충격적인 소식이 있어요.

2025년도 예산 국회 심의에서, 이 수사기관들의 수사비용을 '0원'으로 전액 삭감했습니다.

기관	삭감된 예산	2025년도 예산
검찰	586억 9,900만원 전액 삭감	0원
감사원	60억 3,800만원 전액 삭감	0원
경찰	31억 6,700만원 전액 삭감	0원
대통령비서실 · 국가안보실	82억 5,100만원 전액 삭감	0원

이건 마치 "범죄자 잡으려면 눈도 가리고, 귀도 막고, 손발 다 묶고 잡으세요."와 같답니다.

대한민국은 더 이상 '마약청정국'이 아니에요

예전엔 우리나라가 마약이 없는 '마약청정국'이라고 불렸어요. 하지만 이젠 아니에요.

- 초등학생까지 마약이 퍼지고 있어요.
- 강남 학원가에선 "이거 먹으면 공부 잘 돼요" 하면서 마약을 주는 일도 벌어져요.
- 마약음료, 북한산 필로폰, 외국인 공급책, 다국적 범죄조직까지.

그런데도 수사예산을 모두 삭감해버렸다? 누굴 위한 결정일까요? 정말 국민의 안전을 위한다면 할 수 있는 걸까요?

마약도, 성범죄도, 수사할 돈이 없다?

N번방 사건 기억하나요? 텔레그램으로 사람들을 협박하고 나쁜 사진을 퍼뜨렸던 아주 나쁜 범죄였죠. 그걸 끝까지 파헤칠 수 있었던 것

도 바로 검찰과 경찰의 적극적인 특수 수사 활동 덕분이었어요.

- ■ 위장 신분으로 잠입
- ■ 범죄자의 돈 흐름 추적
- ■ 해외 범죄자 공조 수사

이 모든 게 다 예산이 있어야 가능한 일이에요. 하지만 지금은 어떨까요?

수사기관은 예산 '0원'

정치 편향 운운하며 수사기관을 무력화시킨 것 아닐까요?

결국 진짜 피해자는 누구일까?

여러분, 검찰과 경찰이 범죄 수사를 못 하면 결국 누가 피해를 볼까요?

- ■ 마약에 노출된 청소년들
- ■ 학원가에서 피해 입는 학생들
- ■ 성범죄에 노출된 국민들

범죄자들은 법망을 피하고, 국민은 무방비로 당하게 될 수 밖에 없게 됩니다.

지금 이 상태로 계속 간다면, 마약은 더 쉽게 퍼지고, SNS는 범죄 광고로 넘치고, 나쁜 사람들을 체포하지도 못하는 세상이 될 거예요. 그때가 되면 또 정치인들이 상투적으로 책임을 묻겠죠?

"수사기관이 왜 이 문제를 막지 못했나!" 라고요.

이제, 우리는 실제 벌어지고 있는 상황을 잘 봐야 합니다. 누가 마약 범죄와 성범죄 수사 예산을 끊었는지, 누가 수사기관을 무력화시킨 것인지 말이죠. 우리의 자유는 외부의 총칼보다 내부의 방치로 더 쉽게 무너질 수도 있답니다.

<u>53</u>

간첩을 잡아도 처벌 못한다?

우리가 영화나 만화에서 본 간첩은 나라의 비밀을 훔쳐가고, 잡히면 감옥에 가는 무서운 사람이죠. 그런데 지금 대한민국에서는 간첩을 잡아도 감옥에 보낼 수 없는 경우가 있어요! 중국인 유학생이 군인 몰래 영상을 찍었는데, 법적으로 문제가 없다고 그냥 돌려 보냈다고 합니다.

대한민국 법엔 '북한 간첩'만 있다?

우리나라엔 '국가보안법'이라는 법이 있어요. 그중에 '간첩죄'라는 게 있는데요, 이렇게 쓰여 있어요.

"북한처럼 우리나라를 해치려는 '적국'을 위해 정보를 훔치거나 전해주면, 큰 벌을 받는다."

그런데 이 법이 아주 이상한 방식으로 해석되고 있어요. 적국이 '북한만 해당된다'고 본다는 거예요! 중국, 러시아, 이란 같은 나라가 우리나라 기술을 몰래 빼가거나, 군사 정보를 훔쳐도 북한이 아니기 때문에 간첩죄 성립이 안된다고 합니다.

그럼 어떻게 될까요? 그냥 벌금만 조금 내고 끝. 정말 위험한 간첩들이 많은데도, 이제는 '국가보안법' 자체를 폐지하겠다는 법안을 발의 했다고 합니다. 어이없는 이런 상황 납득이 되시나요?

실화! 외국 유학생들이 우리나라 군인을 도촬?

서울의 한 카페에서 중국 유학생 4명이 군복 입은 군인들을 몰래 촬영하고 있었어요!

사람들이 신고해서 경찰이 출동했지만,

경찰: "북한 소속이 아니니까 간첩죄로 체포할 수 없어요."

유학생들: "거봐라, 우리가 뭘 잘못했냐?"

우리나라 법이 간첩을 도와주는 꼴이 되버린 것입니다.

반도체 기술 빼간 중국인 연구원

2023년, 어느 한 국내 반도체 연구소에서 중국 국적 연구원이 기술을 몰래 복사해서 중국으로 가져가려다가 적발됐어요. 근데 결과는 어땠을가요? 기술은 이미 중국으로 넘어갔고, 처벌은 고작 벌금형으로 끝났답니다.

법을 고치려 해도, 국회가 막고 있다?

국가 안보를 걱정하는 사람들은 강력하게 주장했어요.

"중국 간첩도 처벌할 수 있도록 간첩죄 법을 고칩시다!"

"중국도 간첩 대상에 포함시켜야 해요!"

"산업기술 유출도 강하게 처벌해야 해요!"

하지만 국회는 법 개정을 막고 있답니다.

"표현의 자유를 침해할 수 있다."

"중국 자극하면 안된다."

"과잉 처벌이 될 수도 있다."

결국 이런 법 개정을 막는 것이 간첩을 잡지 못하게 만드는 것 아닐까요?

요즘 간첩은 총없이 USB와 카메라만으로도 큰 위협

이제 간첩은 전투복이나 무기를 들고 오지 않아요. '비무장 간첩'이라고 불리는 이들은 이런 방식으로 우리나라를 해치고 있습니다.

침투 방법	어떤 짓을 하나요?
공자학원	대학에 들어와 공산주의식 사상 주입
유학생	논문 자료, 군 사진 도촬
스카우트	한국 기술자에게 돈 주고 기술 빼가기
SNS	반미 · 친중 선전 퍼뜨리기

이 간첩들은 민간인 복장으로 우리 사회 속에 있어요. 그리고 지금 이 순간에도 우리 모두를 감시하고 지켜보는 중일 수 있습니다.

다른 나라들은 어떻게 하고 있을까?

나라	간첩 법 적용 방식
미국	모든 외국 세력 처벌 가능, 종신형~사형
일본	산업기밀도 포함, 외국 정보기관 접촉 시 신고 의무
한국	북한만 처벌 가능, 나머진 벌금형

미국과 일본은 정보를 나라의 생명처럼 소중히 지켜요. 근데 우리나라는요? 국가 기밀과 정보도 못 지키고, 간첩들은 웃고 있어요. 지금 이 순간에도 누군가는 군사 정보, 기술, 학교 자료를 몰래 찍고, 저장하고 있어요. 그런데 대한민국 법은 이렇게 말합니다:

"죄가 성립이 안 됩니다. 체포할 수 없어요. 그냥 가세요."

우리나라가 우리 스스로 국가 정보를 포기하고, 법으로도 못 지키는 나라가 되어가고 있어요. 간첩도 큰 문제이지만, 간첩을 체포하지도 처벌할 수도 없게 만드는 사람들이 더 큰 문제 아닐까요?

<u>**54**</u>

간첩법을 개정하고 간첩을 잡으려는 데 왜 방해하는 걸까?

2024년, 정말 중요한 법이 하나 있었어요. 바로 간첩죄를 강화하는 법이었어요. 북한 말고도 중국, 러시아 같은 나라 간첩도 잡을 수 있도록 고치려는 법이었죠. 그런데 다수의 국회의원들은 이렇게 말했어요.

"이런 법은 표현의 자유를 침해할 수 있어요!"

"중국을 자극하면 안 돼요!"

그래서 결국 이 법은 통과되지 못했어요. 간첩을 잡기 위한 법을 일부러 막은 것과 다름없어요. 이건 나라를 지키는 게 아니라, 간첩을 지켜주는 법 아닌가요?

감사원이 간첩을 조사하려 하자, 감사원장을 탄핵?

2024년에는 정말 이상한 일이 또 있었어요. 우리나라에는 감사원이란 기관이 있어요.

국가 기관이 돈과 정보를 어떻게 쓰고 있는지, 잘못된 건 없는지 감사 및 조사하는 곳이죠.

그런데 중국으로 군사기밀을 넘긴 간첩 사건을 감사원이 조사하려고

하자, 이런 반응이 나왔어요,

"감사원장이 너무 과해요! 탄핵합시다!"

그래서 정말로 감사원장을 탄핵해버렸어요! 간첩을 잡으려는 사람을 끌어내리는 나라, 이게 정말 맞는 걸까요?

간첩 수사도 방해, 대북송금도 감싸기?

혹시 '쌍방울 대북송금 사건' 들어봤나요? 한 기업이 북한에 돈을 보낸 혐의로 수사를 받았어요. 이건 북한을 도운 혐의, 즉 간첩 사건으로 연결될 수 있는 매우 큰 범죄 사건이에요.

북한은 이 돈을 가지고 핵무기나 다른 무기를 개발해요. 우리나라와 전 세계 안보에 위협이겠죠?

그런데 국회는 어떻게 했을까요?

"이건 인권 탄압입니다!"

"대북송금 사건 수사하는 검사부터 탄핵합시다!"

그리고 간첩 혐의로 재판을 받는 민주노총 관계자들을 보호하려고 했어요. 실제 간첩 수사인데도, 국회는 "인권 침해"라고 말했어요. 이제 우리도 각별히 경계해야 합니다.

55

대한민국의 엔진,
세계적 원자력에너지 기술을 버린 사람들

우리나라는 세계 최고 수준의 원자력발전 기술을 보유한 나라입니다. 어떤 나라보다 안전하고 효율적인 원전을 만들 수 있고, 전세계가 우리 기술을 배우고 싶어 하죠. 2022년 대통령이 직접 외국에 가서 원전을 수출하고, 기업과 연구소가 뭉쳐 '팀 코리아'를 만들었습니다.

그 결과 2023년, 체코에서 24조 원 규모 원전 사업의 우선 협상자로 선정되었어요!

그런데 2024년도에 국회가 2025년도 예산에서 원자력 핵심 기술 개발 예산의 90%를 삭감했습니다. 그래서 과학자들이 해외로 떠나고, 원전 부품을 만들던 회사가 문을 닫고, 에너지 산업 전체가 흔들렸죠. 그러면서 한때 체코와의 원전 사업 협상도 큰 어려움을 겪기도 했죠.

단순히 예산을 깎은 게 아니라, 기술을 도려낸 것

어떤 기술 예산이 삭감 되었을까요? 바로 소듐냉각고속로(SFR)라는 차세대 원전기술이에요.

소듐냉각고속로(SFR) 란?

- 방사성 폐기물을 다시 연료로 만들 수 있어요.
- 차세대 에너지 시장의 핵심 기술이자 우리나라의 경쟁력입니다.
- 미국, 프랑스, 중국, 러시아도 개발 중이에요.
- 이걸 개발하면 대한민국이 세계에서 원전 기술 1등이 될 수도 있었답니다.

그런데 이렇게 중요한 기술개발 예산을 무려 90%나 없애버렸어요. 이건 단순히 예산을 줄인 게 아니에요. 우리나라 에너지 기술의 심장을 도려낸 거나 마찬가지랍니다.

세계는 다시 원자력에너지 역량을 키우는데 집중하고 있다

2022년, 러시아가 우크라이나를 침공하면서 세계 각국은 깨달았어요.

"풍력이나 태양광은 언제든 멈춰버릴 수 있지만, 원전은 멈추지 않아. 이 기술이야 말로 국가 에너지 시스템에 가장 안정적인 에너지야!"

그래서 전 세계가 다시 원자력에너지 시스템으로 돌아가고 있어요.

- 프랑스 – 6기 신규 원전 건설 진행
- 미국 – SMR(소형 원전) 20기 이상 계획
- 일본 – 후쿠시마 이후 멈췄던 원전 다시 가동
- 중국 – 매년 다수의 새로운 원전 건설 착공 중 – 세계 신규 원자력 발전의 50%

그런데, 우리나라는?

원전 개발에 할당된 예산이 없고, 가장 중요한 기술 예산을 거의 다 삭감했습니다.

체코 수출까지 무산될 뻔한 이유

체코는 한국, 프랑스, 미국 중 한 나라와 24조 원짜리 원전 계약을 하려고 했어요.

2023년에 우리는 기술력과 안정성 덕분에 1순위로 뽑혔어요. 하지만! 체코는 이렇게 말했어요.

"당신들, 차세대 원자로 기술 있는거 맞나요?

앞으로도 계속 유지하고 개발할 수 있는 거예요?"

그런데 국회가 원자력에너지 예산을 90%나 날려 버렸잖아요? 이 소식이 국제 사회에 전달되면 어떻게 될까요?

체코는 프랑스나 미국을 선택할지도 몰라요. 그럼 대한민국은 세계 원전시장에서 신뢰를 잃고, 브랜드 파워가 무너져버리는 것입니다.

탈원전 시도는 아직 끝나지 않았다

'원전 예산 대폭 삭감'이라는 칼날로 원전 산업을 망치고 있어요.

그 결과는?

- 원전 협력업체 1000곳 이상 폐업
- 우수 에너지 전문가 인재 해외로 이탈
- 거짓 정보로 사회에 과장된 공포 여론 조장

이런 것들이 전부 기술 포기, 산업 붕괴, 국가 시스템 경쟁력 약화로 이어져요. 원자력은 단순히 전기만 만드는 게 아니에요. 다음과 같은 미래 산업과 직결돼 있습니다.

분야	원자력의 역할
해수 담수화	바닷물을 식수로 바꿔요.
수소 생산	미래 친환경 연료를 만들어요.
우주 산업	항공우주용 열 공급에 사용돼요.
군사 기술	차세대 군사방위 시스템의 에너지원이에요.

그러니까 원전을 무너뜨리는 건, 대한민국의 미래 산업 전체를 무너뜨리는 일이라고 할 수 있답니다.

기술을 버린 정치는, 국가의 미래를 파괴한다

정치가 기술을 버리면, 과학자는 떠나고, 산업은 무너지고, 나라는 글로벌 경쟁에서 뒤처져요. 기술과 시간은 정치를 기다려주지 않습니다.

핵심 쟁점	내용 요약
무엇이 삭감됐나요?	SFR 차세대 원전 R&D 예산 90% 삭감
왜 중요하죠?	폐기물 재활용과 세계 시장에서 앞서나갈 수 있는 기술
누가 깎았나요?	2024년 국회 국가 예산 심의에서 국회의원들이
세계 추세는?	원전 회귀 중 (미국, 프랑스, 중국 등 적극 투자)
무엇이 손해인가요?	해외 수출 실패, 산업 생태계 붕괴, 기술 주권 상실

기술은 나라의 미래예요. 우리가 지켜야 할 것은 단순한 기계나 건축물이 아니라, 우리 세대의 생존과 자존심이랍니다.

56

공산주의는 왜 위험할까?

"우리가 정했어, 넌 그냥 시키는 대로 해!"

공산주의자들은 이렇게 말해요.

"우리가 너희 대신 정해줄게. 너희는 그냥 시키는 대로 해."

이 말 속엔 중요한 게 빠져 있어요. 바로 "국민의 주권"이 쏙 빠져있어요.

공산사회주의 체재의 나라에서는 선거가 있어도 그저 형식뿐이에요. 북한처럼 선거를 하긴 하는데, 늘 100% 한 사람만 당선되는 이상한 일이 벌어지죠. 선거는 그냥 쇼일 뿐, 이미 누가 당선될지 정해져 있기 때문입니다.

공산주의에서는 권력을 절대로 나누지 않아요. 오직 소수의 엘리트, 즉 공산당 지도자들만이 나라를 좌지우지합니다. 국민은 그냥 조용히 따르기만 해야합니다.

사실, 경제·사회·정치구조·법체계 등 다양한 분야에서 다르게 해석될 수 있지만, 이미 누가 당선될지 정해져 있는 선거라면 이미 자유민주주의 체제는 무너진 것입니다.

자유민주주의는 어떻게 다를까?

"모든 권력은 국민에게서 나온다!"

자유민주주의는 권력을 한 사람이 아닌, 모든 국민에게 나누는 제도랍니다.

그래서 이렇게 각자의 역할을 나눈 거예요.

- 대통령: 국가의 행정을 담당
- 국회: 공정한 법을 만드는 곳
- 법원: 법을 지키는지 공정하게 판단하는 곳

이걸 "삼권분립"이라고 해요. 그리고 언론도 자유롭게 보도하고, 국민 한 사람 한 사람이 1표씩 가지고 나라를 다같이 운영하는 거예요. 멋지죠? 이게 바로 자유민주주의의 가장 큰 가치에요.

그리고 가장 중요한 건, 누구도 이 권력을 독점할 수 없고, 국민이 늘 감시하고 견제할 수 있다는 점입니다.

공정하고 투명한 선거, 그게 바로 자유민주주의의 본질이자 방패!

공산주의자들은 선거, 특히 공명한 선거를 싫어해요. 왜일까요?

공명선거가 있으면 국민이 국가의 주인으로서 힘을 가지게 되거든요.

선거일은 모든 국민이 한 표의 권력을 행사하는 날이에요. 누가 대통령이 될지, 어떤 정당이 우리를 대표할지 우리가 정하는 날이죠. 그런데 공산주의자들은 이렇게 생각합니다.

"국민에게 그런 권력을 주면 안돼."

"선거는 형식만 남기고 결과는 우리가 정할 수 있게 만들어 놓자!"

구분	자유민주주의 (한국과 미국)	공산사회주의(북한과 중국)
권력의 주인	국민 (선거로 선택)	공산당원 (정해진 소수)
선거의 의미	국민의 권리, 국가의 주인 증명	위험한 제도, 국민에게 권력을 주면 안 됨
권력 구조	삼권분립, 언론·국민 견제 가능	공산당이 모든 권력 독점 행정&입법&사법 전부 다!
시민의 위치	주인, 참여자, 감시자	수동적 복종자, 명령받는 존재

자유민주주의는 국민 모두가 나라의 주인이 될 수 있는 나라를 만드는 제도예요.

공산사회주의는 아주 소수만 독재자로서 군림하는 나라를 만들죠.

"국민 모두가 주인인 나라: 한국, 미국, 일본" vs "공산당이 제왕인 나라: 북한, 중국"

여러분은 어떤 나라에서 살고 싶은가요?

57

우리나라 침공을 위한
한반도의 수상한 연결고리

가면을 쓰고 세계 각국을 자기 영향력 아래 두려 하고 있어요. 우리 대한민국 안에서도 땅을 사들이고, 학교와 언론에까지 영향력을 행사하고 있는 것입니다.

일부 정치세력과 단체들이 몰래 우리나라의 법, 경제, 심지어 교육까지 중국에 유리하게 바꾸려고 하고 있다면 믿어지나요? 이런 사람들을 우리는 '종중(從中)·친중(親中) 정치세력' 또는 '부패 공동체'라고 불러요.

자, 그럼 '종중 정치세력'이란 어떤 사람들일까요?

- 중국이 원하는 사업에 도움을 주고 허가 도장을 찍어주고
- 중국어 교육을 늘리자고 하고
- 공자학원 같은 기관을 학교 안에 넣으려고 하고
- 심지어 우리나라의 국가통신장비를 중국산으로 바꾸자고 합니다.

돈으로 움직이는 부패 공동체

이러한 세력이 어떻게 움직이는지 알아볼까요?

1단계: 중국이 한국에 투자하겠다고 합니다.

2단계: 정치인이나 공무원이 그걸 도와주며 허가해 줍니다.

3단계: 대신 중국은 우리 사회에 영향력을 갖고, 정치인은 돈과 권력을 얻게 되죠.

4단계: 결국 우리나라는 점점 중국 입맛에 맞는 나라가 되어 가는 거예요.

예를 들면, 어떤 지자체에서는 차이나타운을 만든다며 도시계획을 중국 기관과 함께 만들었어요.

또 어떤 지역에서는 공공기관이 중국산 전자 장비를 쓰다가 국가 정보가 유출된 일도 있었어요.

중국산 CCTV가 우리나라 전역에 몰래 침입했다

혹시 공원이나 지하철역, 학교, 시청, 경찰서, 군부대에 설치된 CCTV를 본 적 있으신가요?

이 CCTV들은 사람들의 안전과 보안을 지키기 위한 장치예요. 나쁜 일이 생기지 않도록 지켜보고, 사고가 나면 누가 무슨 일을 했는지도 확인할 수 있으니까요.

그런데 정말 놀라운 일이 벌어졌어요!

우리나라 공공기관과 군부대, 경찰서, 지하철역 같은 곳에 무려 30,000 대가 넘는 CCTV가 설치됐는데, 이 중 상당수가 '국산'이라고 속이고 들어온 중국산이라는 사실이 밝혀졌답니다!

- LH(한국토지주택공사)에는 4천 대 넘게 설치됐고

- 경찰청, 항만공사, 도로공사
- 서울시를 포함한 전국 지자체 79곳
- 그리고 심지어 군부대까지 포함돼 있었어요.

더 충격적인 건, 이 중국산 CCTV들은 중국 회사가 만든 제품인데, 그중 일부는 중국의 서버와 연결될 수도 있는 위험한 장비였다는 거예요.

다시 말해서, 우리가 모르는 사이에 우리나라의 보안 정보가 중국으로 넘어갔을 수도 있다는 뜻이죠.

어떻게 들어왔을까?

중국산 CCTV를 수입한 업체들은 제품에 'Made in Korea'(한국산) 이라고 표시하거나, 국산 부품을 조금만 넣고 전체를 국산처럼 둔갑시켜서 납품했어요.

그렇게 정부기관의 조달시스템을 통과해 버린 거죠. 이건 엄청난 보안 구멍이랍니다.

다행히도 이 사실을 알게 된 군은 전방 군부대에 설치된 중국산 CCTV 1,300대를 전부 철거했어요. 하지만 나머지 공공기관이나 지자체들은 아직도 교체 작업이 늦어지고 있어요.

이건 그냥 기계 문제가 아니라, 국가 안보와 직결된 일인데 말이죠!

국가 전체에 퍼지는 위험

이 문제는 한쪽 정당만의 문제가 아니에요. 중국의 돈과 자본을 탐

내는 정치인은 어디에나 있을 수 있어요. 그런데 특히 종중·친중 정치인들은 정치 이념까지 앞세우기 때문에 더 쉽게 중국과 손을 잡는 경우가 많아요. 왜냐하면 이들은 국가의 이익보다 이념, 자유보다 통제, 민족보다 국제성을 중시하기 때문이에요.

종중·친중 세력은 자유보다 평등을 택하고, 투쟁을 통해 권력을 얻으려 하기에 외세와 더 쉽게 결탁하게 됩니다. 이런 정치 풍토 속에서 중국은 아주 쉽게 우리나라 안으로 침략해 들어오는 문을 열 수 있는 것입니다. 이 결탁 구조를 끊을 수 있는 유일한 방법은 중국의 가면 속 실체를 우리나라 국민들이 명확히 "알게 되는 것"아닐까요?

자유를 지키는 우리의 선택

이제는 우리가 경계해야 해요. 단순한 외교나 경제 협력의 이름으로, 우리나라 안에서 중국에게 문을 활짝 열어주는 사람이나 단체들을 말이죠. 군복을 입은 병력이 국경을 넘어온다면 누구나 쉽게 알아차릴 수 있을 거예요. 하지만 가면을 쓴 채 마이크와 계약서를 손에 쥐고, 언론을 조작하고 교육을 바꿔가며 우리 사회 안으로 서서히 스며들어오고 있다면 쉽게 알아차리기 힘들지 않을까요?

위기는 언제나 깨달음의 기회이기도 해요. 팩트 체크를 하고나면 우리는 더 나은 방향으로 나아갈 수 있답니다. 우리의 자유는 거창한 희생이 아니라, 일상에서의 깨어있는 선택으로 지켜질 수 있어요. 무엇이 우리 사회를 바꾸는지, 누가 어떤 목소리를 내고 있는 지를 관심있게 바라보고, 스스로 생각하는 힘을 키우는 것부터 시작해보면 어떨까요?

우리의 자유와 미래를 지키기 위한 첫번째 단계는 분명합니다. 바로 우리나라 안에서 외국인 특히 중국인에게 복지 혜택과 정책의 문을 활짝 열어주고 있는 존재를 알리는 것입니다. 가족에게, 친구에게, 이웃에게 말해야 합니다. "우리는 속고 있었고, 지금도 속고 있다"고.

우리의 올바른 선택과 결연한 마음으로 그들의 가면을 벗겨야 합니다. 이 책의 제목처럼, 중국의 가면은 이제 벗겨졌습니다. 이제 남은 건 하나, 우리가 침묵하지 않는 것입니다.

에필로그 1

중국의 가면은 자유를 삼킨다

오늘날의 전쟁은 더 이상 총성과 함께 시작되지 않습니다. 정보와 여론, 제도와 기술을 통해 진행되는 '소리 없는 침략', 즉 조용한 전쟁의 형태로 교묘하게 나타납니다.

적은 이미 언론과 교육, 인터넷 공간, 선거 제도 같은 사회의 핵심 구조 속으로 영향력이 스며드는 방식으로 우리 사회 내부 안으로 숨어 들어와 있는 것이지요.

홍콩의 자유, 어떻게 사라졌을까?

1997년에 중국은 전세계를 향해 약속했어요.

"50년 동안은 홍콩의 자유를 보장하겠다."

이걸 일국양제(一國兩制)라고 불렀어요.

하지만 그 약속은 20년도 안 돼서 깨졌답니다. 약속을 어긴 것이지요.

- 홍콩 시민이 "우리는 자유롭게 살고 싶어요!" 하고 시위하자
- 무력진압, 언론통제, 인터넷 차단으로 억눌렀어요.

■ 수천 명의 시민이 강압적으로 체포되고, 언론인과 정치인은 도망
쳐야 했어요.

결국 홍콩의 자유는 사라지고, 지금은 허가 없이는 말도 자유롭게
못 하는 도시가 되어버렸답니다.

대만에는 어떤 침략이 벌어지고 있을까요?

중국은 대만을 "자기 땅"이라고 주장해요. 하지만 대만은 완전히 독
립된 민주주의 국가예요.

자유롭게 대통령을 뽑고, 자유로운 언론도 있고, 표현의 자유도 있
어요.

그런 대만을 이렇게 공격하고 있어요:

■ 군용기 100대 이상이 자주 대만 주변을 맴돌며 위협해요.

■ 대만 인터넷과 언론에 사이버 공격을 퍼부어요.

■ 유튜브, 틱톡 등에 친중 콘텐츠를 뿌려 대만 국민을 혼란시켜요.

■ 대만 기업에 투자하면서 정치인까지 돈으로 움직이려 합니다.

이런 걸 심리전, 경제전, 정보전이라고 해요. 전쟁보다 더 무서운 침
략이죠!

대만은 지금도 하루하루 위협 속에 살고 있어요.

하지만 국민들은 굴복하지 않고, "우리는 자유를 지킬 거야!"를 외치
며 싸우고 있답니다.

대한민국을 화교민국으로 만들기 위한 침략은 이미 시작되었다

이미 우리 사회 속 깊숙히 침투해 들어와 있어요.

대한민국을 총 한 발 없이 권력과 정치로 조종하려는 전략을 쓰고 있는 것이지요.

우리는 진실을 알게 되었습니다.

진짜 전쟁은 총이 아니라 정보와 제도 안에서 벌어지고 있다는 것!

그리고 우리가 싸우지 않으면, 홍콩처럼 "자유"를 빼앗길 수 있다는 것!

중국은 언론, 통신, 선거, 교육, 법원에까지 슬며시 영향을 미치고 있으며, 자유대한민국의 뿌리를 흔들려 하고 있어요.

홍콩의 자유는 침묵 속에 사라졌고, 대만의 자유는 위협 속에서 아직 버티고 있으며, 대한민국은 자유 수호를 위해 이제라도 깨어나야 할 차례예요.

이건 정치 이야기가 아니랍니다.

바로 외세의 침략으로부터 대한민국을 지키려는 전쟁의 기록입니다.

자유는 눈을 뜬 국민들만이 지킬 수 있는 보물이랍니다!

대한민국이
앞으로 나아가야할 길

중국몽은 총 한 방 쏘지 않고도 나라를 무너뜨릴 수 있다는 걸 '초한전(超限戰)' 전술로 보여주고있습니다. 겉으로는 "협력", "문화교류", "경제협력"이라고 말하지만, 그 속을 들여다보면 결국은 돈과 이념, 법, 언론, 교육, 정보, 기술로 대한민국의 자유체제를 안에서부터 흔드는 지능적인 침략이랍니다.

1. 국가안보, 군사·수사 시스템을 회복해야 합니다

첫 번째로 해야 할 일은 무너진 국가 안보와 수사 기능을 다시 바로 세우는 것입니다.

지금 현실은 국방예산은 줄어들고, 방첩 기능은 약화되고, 검찰의 수사권은 축소됐습니다. 심지어 간첩을 잡고도 제대로 처벌하지 못하는 허술한 법 체계가 그대로 방치돼 있습니다. 이것은 국가 체제를 지키는 면역체계를 스스로 허물고 있는 심각한 위기입니다.

군 정보부대, 안보기관, 그리고 검찰의 공안·마약 수사 기능은 정치적 흥정의 대상이 될 수 있는 성격의 것이 아닙니다. 이것은 나라를 지탱하는 생명줄입니다. 외부 세력의 침투를 차단하고, 내부와의 결탁을 끊어내는 최후의 방화벽이기 때문입니다.

그래서 첫 번째 과제는 분명합니다. 안보 수사 기능의 정상화, 방첩사 역량 강화, 간첩처벌 관련 법 강화, 그리고 검찰의 실질적 수사권 복원입니다. 이것은 이념의 문제가 아닙니다. 생존의 문제입니다. 국가가 흔들릴 때 그 피해는 특정 집단이 아니라 국민 모두에게 돌아옵니다. 지금 바로잡지 않으면, 그 대가는 훨씬 더 크게 치르게 될 것입니다.

2. 에너지 주권과 산업기술을 지켜야 합니다

둘째는 에너지 주권과 핵심 기술을 지켜내는 일입니다. 사실 중국이 아시아에서 가장 경계하는 나라 중 하나가 바로 대한민국입니다. 이유는 단순합니다. 우리가 가진 기술력 때문입니다. 원자력, 반도체, 통신, 조선, 방위산업까지 — 모두 세계 최고 수준입니다.

그런데 지난 몇 년간 납득하기 어려운 일들이 이어졌습니다. '탄소중립'이라는 거짓 명분을 내세워 멀쩡히 돌아가던 원자력 발전을 멈춰 세웠습니다. 그 결과, 전력 수급은 불안해지고 전기요금은 치솟았습니다. 그 결정적 이유는 RE100이라는 비과학적 정치 아젠다를 내세워 우리 국민 혈세로 중국산 태양광 패널과 풍력 터빈 같은 저질 산업 시스템을 대거 들여온 것입니다. 이게 과연 단순한 정책 실패였을가요?

지금 우리에게 필요한 것은 탈원전이라는 반문명적 구호가 아니라, 에너지 자립과 기술 독립입니다. 에너지는 국가 산업의 기반이자 안보의 핵심입니다. 전력이 흔들리면 경제가 무너지고, 경제가 무너지면 안보도 함께 무너집니다.

에너지 기술은 국가의 심장이자 엔진입니다. 따라서 원자력 기술을 다시 살리고, 재생에너지 녹색보조금은 폐지해야하며, 안정적인 전력 기반을 재건해 에너지 안보를 확고히 해야 합니다.

3. 언론과 교육의 주권을 되찾아야 합니다

세 번째는 언론과 교육 주권을 회복하는 일입니다. 중국은 총과 미사일만으로 우리나라같은 경제대국을 무너뜨릴 수 없다는 걸 잘 압니다. 대신 교과서와 여론을 장악하면, 그 사회의 생각을 바꾸고 미래를 빼앗을 수 있다는 사실을 알고 있습니다.

지금 우리 교과서를 보면 왜곡된 역사관이 스며들고, 공산주의를 은근히 미화하거나 공산당 체제를 긍정적으로 묘사하는 내용까지 등장하고 있습니다. 언론 역시 예외가 아닙니다. 자유언론을 내세우면서도 실제로는 편향된 정보와 일방적 해석으로 국민의 판단력을 흐리고 있습니다. 이것은 감시와 비판의 기능을 하는 언론이 아니라, 특정 이념을 확산시키는 선동의 확성기에 가깝습니다.

우리 아이들이 꼭 배워야 할 게 있습니다.

'대한민국이 어떻게 세워졌는지?', '자유가 왜 소중한지?', '공산주의식 통제가 왜 위험한지?'.

이걸 가르쳐야 우리나라가 다시 바로 설 수 있습니다.

그래서 필요한 것은 교육 주권의 회복, 더 나아가 정신 주권의 확립입니다. 교과서를 바로잡고, 언론의 투명성과 책임을 강화하며, 국가 정체성과 자유의 가치를 분명히 가르치는 시민 교육을 복원해야 합니다.

4. 삼권분립, 사법부의 독립성과 법치를 회복해야 합니다

네 번째는 법과 제도를 정상으로 돌려놓아야 합니다. 지금 대한민국의 법 체계는 자유를 지키는 방패라기보다, 권력과 이념이 휘두르는 도구로 변질될 위험에 놓여 있습니다. 법이 권력을 견제하지 못하고 오히려 권력을 정당화하는 수단으로 쓰이기 시작하는 것이지요.

중국이 홍콩을 완전히 장악하는 과정에서 가장 먼저 한 일은 '국가보안법'을 제정해 표현의 자유와 정치적 활동을 법의 이름으로 봉쇄한 것입니다. 그 다음은 언론 통제와 시민 감시였습니다. 대한민국은 절대로 그 전철을 밟아서는 안 됩니다.

지금 우리 사회에서도 사법 체계를 정치적으로 재편하려는 시도들이 반복되고 있습니다. 대법관 수를 늘려 구도를 바꾸려는 발상과 행정부·입법부의 사법부 압박은 삼권분립의 균형을 흔드는 위험한 신호입니다. 삼권분립은 단순한 제도가 아니라 자유를 지키는 최후의 안전장치입니다. 지금 필요한 건 이념이 아니라 법치의 회복과 사법의 독립성 보장 입니다.

5. 중국인 무비자 정책, 중국자본과 복지 역차별을 막아야 합니다

다섯 번째는 중국 자본 유입, 무비자 입국, 복지 역차별 문제를 바로잡아 국가 주권의 경계를 분명히 하는 일입니다. 이는 단순한 출입국 편의의 문제가 아니라, 국가의 통제권과 정치적 영향력이 점진적으로 흔들릴 수 있는 구조적 사안입니다.

현재 중국인은 무비자 입국이 가능하고, 중국 자본은 국내 부동산과 토지를 적극적으로 매입하고 있습니다. 더 나아가 일정 기간 거주하면 지방선거 투표권을 행사할 수 있는 제도가 유지되고 있어, 국민이 아닌 인구가 지역 정치에 영향을 미칠 통로가 열려 있습니다.

문제는 상호주의의 불균형입니다. 우리는 선거권과 제도적 권리를 개방하고 있지만, 상대국은 우리 국민에게 동등한 정치적 권리를 보장하지 않습니다. 복지 역시 마찬가지입니다. 세금 기여와 수혜의 균형이 맞지 않는 구조는 공정성 논란을 피하기 어렵습니다.

부동산, 선거권, 복지 정책 전반에서 국가의 기준과 원칙을 명확히 하고, 주권과 공정성의 균형을 재정립할 때입니다.

6. 마지막으로, 자유 시민의 각성입니다

중국이 가장 두려워하는 것은 탱크도, 미사일도 아닙니다. 깨어 있는 대한민국 국민입니다. 권위주의 체제가 가장 경계하는 것은 무기가 아니라 자유 시민의 각성입니다.

홍콩은 결국 중국의 통제 아래 언론은 침묵했고, 법치는 무너졌으며, 자유의 도시는 사실상 사라졌습니다. 그 과정은 순식간이 아니었습니다. 무관심과 체념이 쌓이면서 조금씩 잠식된 결과였습니다.

우리 모두가 지켜야 할 것은 특정 정치 세력이 아니라 자유 그 자체입니다. 자유는 단순히 선언만으로 유지되지 않습니다. 행동과 책임으로 지켜집니다.

대한민국은 지금 선택의 갈림길에 서 있습니다. 편안한 무관심 속에서 서서히 침몰할 것인가, 아니면 자유의 나라를 지키기 위해 분명히 목소리를 낼 것인가.

우리가 해야 할 일은 진실의 목소리를 내고, 역사를 바로 세우고, 법과 제도를 정상으로 회복하고, 자유와 정의를 믿는 국민의 양심을 다시 일으켜 세우는 것입니다. 그것이 바로 중국의 가면, 중국몽의 침투를 막는 최전선이며, 자유대한민국을 지켜내는 마지막 방어선입니다.

19세기 러시아제국의 몰락과
21세기 중국몽의 균열 그리고 조짐

러시아제국의 몰락과 유사한 지금의 중국

19세기 대영제국의 세계 패권에 도전하던 러시아제국은 겉으로는 팽창했지만 내부적으로는 이미 붕괴의 길에 들어서고 있었습니다. 과도한 제국적 욕망과 낡은 체제, 전쟁 실패가 겹친 결과였습니다. 중앙아시아와 발칸반도에서 영국과 맞섰던 경쟁 속에서 러시아는 군사력 과시와 영토 확장에 집착했지만, 농노제에 묶인 후진적 사회 구조와 늦어진 산업화, 만성적인 재정난은 제국의 체력을 빠르게 소모시켰습니다.

결정타는 연이은 전쟁 패배였습니다. 전쟁은 군과 관료체제의 무능을 드러냈고, 전시 동원은 민생을 무너뜨렸습니다. 결국 전쟁 부담과 경제 붕괴, 정치 개혁 거부가 맞물리며 1917년 혁명이 폭발했고, 황제 권력은 내부에서부터 붕괴했습니다.

러시아제국의 몰락은 패권 경쟁 속에서 외부 압박과 내부 부패, 경직된 체제가 동시에 무너진 결과였습니다. 이는 오늘날 자금줄 차단 속에서 간신히 버티고 있는 중국의 모습과도 묘하게 겹쳐 보입니다.

자유진영의 재편, 그리고 한반도의 전략적 소명

중국공산당은 지난 20여 년 동안 '중국몽', '초한전', '일대일로' 같은 구호를 내세워 번영과 협력을 말했지만, 실제로는 영향력 확대와 체제 침투에 가까운 전략을 펼쳐 왔습니다. 경제 협력의 외피 아래 산업과 공급망을 장악하고, 학문·문화 교류와 자본, 기술을 지렛대로 정치적 영향력을 넓혀 온, 총성 없는 침공의 형태였지요.

하지만 이 흐름에도 균열이 생기기 시작했습니다. 트럼프 행정부의 대중 관세 정책과 첨단기술 수출 통제, 공급망 재편은 중국이 의존해 온 글로벌 자금과 시장 구조를 정면으로 압박했습니다. 자유무역 아래 방치되던 불균형을 바로잡고, 안보와 경제를 분리하지 않는 인식이 본격화된 것입니다.

이 변화는 단순한 미국 국내 정치의 문제가 아니라 자유진영이 '가치와 안보'를 중심으로 재편되는 신호에 가깝습니다. 기술 패권, 에너지 안보, 공급망 주권을 축으로 한 새로운 질서가 형성되면서, 대한민국의 전략적 위치도 분명해집니다. 반도체, 배터리, 원자력, 방위산업 등 핵심 분야에서 중요한 고리에 서 있는 만큼, 모호한 균형에 머물기보다 가치와 체제, 동맹과 책임을 기준으로 판단해야 할 시점입니다. 이제 대한민국은 방관자가 아니라, 재편의 흐름 속에서 방향을 함께 결정해야 할 전략적 주체에 가깝습니다.

미국이 차단시킨 부패한 공산당 자금줄

공산주의 체제는 총칼로 유지되지 않아요.

그 체제의 진짜 연료는 돈의 흐름, 더 정확히 말하면 자유진영의 세금과 보조금입니다.

그동안 서방의 정치인, 학자, 과학자, 국제기구, NGO, 기후·보건·개발 명목의 보조금들은 결과적으로 중국공산당 체제를 연명시키는 산소호흡기 역할을 해왔답니다. 이 자금은 기술을 유출시키고, 여론을 왜곡하며, 반미·반자유 이데올로기를 학술과 정책이라는 이름으로 확산시키는 데 쓰인 것이지요.

트럼프 행정부는 이 구조를 정면으로 끊었습니다. UN 산하 66개 기구를 공식적으로 탈퇴했고, 녹색기후기금(GCF)도 탈퇴를 공식적으로 선언했습니다. 공산주의 국가에 흘러 들어가던 보조금, 국제기구를 가장한 정치 장치, 위선적인 녹색사기 기후 담론의 자금줄을 차단했고 명확히 선언한 것입니다.

"미국은 더 이상 자유의 적을 지원하지 않는다."

"녹색사기에서 벗어나지 못하는 국가는 곧 망할 것이다."

이 단순한 원칙이 세계를 흔들었습니다.

공산주의는 단순 '이념'이 아니라 거짓 과학으로 포장된 '재정 약탈 시스템'임이 드러났기 때문입니다. 지금 트럼프 행정부는 공산주의 국가로 흘러들어가는 자금의 통로를 정밀하게 차단하고 있습니다. 돈의 흐름이 곧 권력의 흐름이라는 사실을 알기 때문입니다.

그런데 만약 대한민국이 국가 예산이나 지방자치 예산으로 유엔 산하 기구, 나아가 녹색기후기금(GCF)등에 막대한 재정을 지원한다면 어떻게 되겠습니까. 그 자금의 최종 수혜 구조가 어디로 이어지는지 냉정하게 따져보지도 않은 채 '국제 협력'이라는 이름으로 국민 세금을 투입한다면, 그것은 단순한 정책 판단이 아니라 전략적 무지에 가깝습니다.

자유 진영이 공산당의 자금줄을 죄는 시점에, 우리가 거꾸로 밸브를 열어 준다면 이는 한미동맹의 보조를 깨는 행위이자 외교적 자해가 될 것입니다. 미국의 자유우방국인 대한민국이 해서는 안 될 시대적 착오이며, 스스로 안보와 국익을 흔드는 외교적 패착입니다.

국민의 혈세는 이념 실험이나 국제기구의 정치적 의제에 쓰일 돈이 아닙니다. 자금의 흐름은 곧 영향력의 흐름입니다. 그 끝이 어디로 연결되는지 명확히 검증하지 못한다면, 지원은 중단하는 것이 책임 있는 국가의 자세입니다.

중국공산당 붕괴 시나리오, 허황인가 현실인가

최근 국제 전략가들 사이에서 조심스럽지만 일관된 전망이 나오고 있습니다.

중국공산당 체제는 내부에서부터 붕괴할 가능성이 매우 높다는 것. 그 이유는 명확합니다.

- 경제 성장률의 구조적 붕괴
- 지방정부 부채와 금융 시스템 마비
- 청년 실업 폭증과 계층 불만
- 소수민족·지역 분열 심화
- 중앙 통제력의 한계 노출

이는 단순한 위기가 아닙니다.

역사적으로 중국은 강력한 중앙 권력이 무너질 때마다 춘추전국시대식 분열로 귀결됐답니다. 지금의 중국 역시 예외가 아니겠지요.

하지만 중국공산당이 사라진 자리에 민주국가가 자연스럽게 들어설 것이라는 환상은 위험합니다. 권력 공백은 언제나 혼란을 낳고, 혼란은 관리되지 않으면 재앙이 되기 때문이지요. 이것이 역사적으로 패권국이 세계질서를 유지하기 위해서 도전국의 붕괴 이후를 예측하고 준비하는 이유이기도 합니다.

관리·통치 시스템의 전략적 거점

일부 전문가들은 매우 흥미로운 시나리오를 제시합니다.

만약 중국이 붕괴한다면, 미국은 동아시아에서 중국을 관리·통치·안정화하는 거점 국가를 어디로 할지 판단할 것이라는 겁니다. 전략적 요건은 분명해요.

첫째, 자유민주주의 체제의 최전선 국가일 것

둘째, 세계 최고 수준의 행정·IT·산업·군사 통합 능력을 보유하고 있을 것

셋째, 중국 문화·언어·역사에 대한 이해도와 관련도가 주변국 중 가장 높을 것

넷째, 미국과 동맹이라는 군사·정보·외교 인프라가 완성돼 있을 것

미국이 단독으로 중국 대륙을 관리하는 것은 불가능합니다.

그러나 이런 동맹국을 중심으로 한 동맹형 관리 시스템은 현실적인 대안이 될 것입니다. 이러한 미국의 파트너 국가는 곧,

- 중국 동북 지역 안정화의 관문이 되고
- 동아시아 자유진영의 군사·경제 허브가 되며

■ 미국의 글로벌 전략 부담을 분담하는 핵심 파트너가 될 것 입니다.

이것이 바로 '관리 대상 국가'가 아니라 '관리 주체 국가'로 올라설 수 있는 '역사적 기회'가 될 것입니다.

맺음말: 우리에게 선택의 시간이 오고 있다

■ 중국몽은 더 이상 꿈이 아니다. 악몽이다.
■ 초한전은 이론이 아니라 현실의 위협이었다.
■ 일대일로는 개발이 아니라 식민지 전략이었다.

그러나 이제 흐름이 바뀌고 있습니다.

자유세계는 깨어나고 있고, 공산주의는 돈줄이 끊기고 있습니다.

대한민국은 선택의 기로에 서 있어요.

'공산당의 붕괴 이후 혼란에 휩쓸려 150년 전 했던 과오를 반복하며 또 다시 주권을 잃을 것인가' 아니면 '한미동맹을 통해 자유진영의 핵심 국가로서 새로운 질서를 설계하는 나라로 우뚝 설 것인가.'

역사는 준비된 국가만을 부릅니다.

그리고 지금, 그 호출 소리가 분명히 들리고 있습니다.

지금 우리는 민족의 염원을 이룰 수 있는 시대에 살고 있습니다.

참고문헌

Michael Scott Sobolik (2024), "Countering China's Great Game: A Strategy for American Dominance, Naval Institute Press," ISBN: 978-1682479506

Qiao Liang, Wang Xiangsui (2020), "Unlimited Warfare: China's Master Plan to Destroy America, Albatross Publishers," ISBN: 978-1946963406

Dmitri Alperovitch, Garret M. Graff (2024), "World on the Brink: How America Can Beat China in the Race for the Twenty-First Century, PublicAffairs," ISBN: 978-1541704091

Aaron L. Friedberg (2022), "Getting China Wrong, Polity," ISBN: 978-1509545124

Joshua Wong, Ai Weiwei (2020), "Unfree Speech: The Threat to Global Democracy and Why We Must Act, Now, Penguin Books," ISBN: 978-0143135715

Robert Spalding (2022), "War Without Rules: China's Playbook for Global Domination, Sentinel," ISBN: 978-0593331040

Stephen Vines (2021), "Defying the Dragon: Hong Kong and the World's Largest Dictatorship, Hurst," ISBN: 978-1787384552

Bryan K Luke (2025), "Recognizing and Adapting to Unrestricted Warfare Practice3s by China, Hutson Street Press," ISBN: 978-1025103792

Arthur Crandon (2024), "South Korea's Political Crisis: The Impeachment of President Yoon Suk Yeol, Independently published," ISBN: 979-8303762152

Sulmaan Wasif Khan (2024), "The Struggle for Taiwan: A History of America, China, and the Island Caught Between, Basic Books," ISBN: 978-1541605046

이지용 (2023), "중국의 초한전: 새로운 전쟁의 도래, 에포크미디어코리아," ISBN: 979-1191675160

이승우 (2020), "중국몽의 추락: 중국은 글로벌 네트워크에서 사라진다, 기파랑," ISBN: 978-8965235996

중국의 가면을 벗기다

초판 2쇄 발행 2026년 3월 23일

지 은 이 이동엽
발 행 인 김남익
편   집 이지영
펴 낸 곳 하양인
주   소 서울특별시 마포구 성산1동 49-5
전   화 02-6013-5383 핸드폰 010-8982-5843 팩스 02-718-5844
이 메 일 hayangin@naver.com
출판신고 2013년 4월 8일 (제300 - 2013 - 40호)

I S B N   979-11-87077-42-8 03300